1 Messen und Rechnen

2 Mechanik

3 Mechanik von Flüssigkeiten und Gasen

4 Wärmelehre

5 Struktur der Materie

6 Elektrizitätslehre

7 Schwingungen und Wellen

8 Ionisierende Strahlung

9 Optik

Index

Dr. Ilka Schmitt

Physik

MEDI-LEARN Skriptenreihe

6., komplett überarbeitete Auflage

MEDI-LEARN Verlag GbR

Autoren: Dr. Ilka Schmitt, Dr. Andreas Jerrentrup (1.–4. Auflage)

Teil 1 des Mathematik-Physik-Paketes, nur im Paket erhältlich
ISBN-13: 978-3-95658-005-5

Herausgeber:
MEDI-LEARN Verlag GbR
Dorfstraße 57, 24107 Ottendorf
Tel. 0431 78025-0, Fax 0431 78025-262
E-Mail redaktion@medi-learn.de
www.medi-learn.de

Verlagsredaktion:
Dr. Marlies Weier, Dipl.-Oek./Medizin (FH) Désirée Weber, Denise Drdacky, Jens Plasger, Sabine Behnsch, Philipp Dahm, Christine Marx, Florian Pyschny, Christian Weier

Layout und Satz:
Fritz Ramcke, Kristina Junghans, Christian Gottschalk

Grafiken:
Dr. Günter Körtner, Irina Kart, Alexander Dospil, Christine Marx

Illustration:
Daniel Lüdeling

Druck:
A.C. Ehlers Medienproduktion GmbH

6. Auflage 2014
© 2014 MEDI-LEARN Verlag GbR, Marburg

Das vorliegende Werk ist in all seinen Teilen urheberrechtlich geschützt. Alle Rechte sind vorbehalten, insbesondere das Recht der Übersetzung, des Vortrags, der Reproduktion, der Vervielfältigung auf fotomechanischen oder anderen Wegen und Speicherung in elektronischen Medien.
Ungeachtet der Sorgfalt, die auf die Erstellung von Texten und Abbildungen verwendet wurde, können weder Verlag noch Autor oder Herausgeber für mögliche Fehler und deren Folgen eine juristische Verantwortung oder irgendeine Haftung übernehmen.

Wichtiger Hinweis für alle Leser
Die Medizin ist als Naturwissenschaft ständigen Veränderungen und Neuerungen unterworfen. Sowohl die Forschung als auch klinische Erfahrungen führen dazu, dass der Wissensstand ständig erweitert wird. Dies gilt insbesondere für medikamentöse Therapie und andere Behandlungen. Alle Dosierungen oder Applikationen in diesem Buch unterliegen diesen Veränderungen.
Obwohl das MEDI-LEARN Team größte Sorgfalt in Bezug auf die Angabe von Dosierungen oder Applikationen hat walten lassen, kann es hierfür keine Gewähr übernehmen. Jeder Leser ist angehalten, durch genaue Lektüre der Beipackzettel oder Rücksprache mit einem Spezialisten zu überprüfen, ob die Dosierung oder die Applikationsdauer oder -menge zutrifft. Jede Dosierung oder Applikation erfolgt auf eigene Gefahr des Benutzers. Sollten Fehler auffallen, bitten wir dringend darum, uns darüber in Kenntnis zu setzen.

Vorwort

Liebe Leserin, lieber Leser,

zu viel Stoff und zu wenig Zeit – diese zwei Faktoren führen stets zu demselben unschönen Ergebnis: Prüfungsstress!

Was soll ich lernen? Wie soll ich lernen? Wie kann ich bis zur Prüfung noch all das verstehen, was ich bisher nicht verstanden habe? Die Antworten auf diese Fragen liegen meist im Dunkeln, die Mission Prüfungsvorbereitung erscheint vielen von vornherein unmöglich. Mit der MEDI-LEARN Skriptenreihe greifen wir dir genau bei diesen Problemen fachlich und lernstrategisch unter die Arme.

Wir helfen dir, die enorme Faktenflut des Prüfungsstoffs zu minimieren und gleichzeitig deine Bestehenschancen zu maximieren. Dazu haben unsere Autoren die bisherigen Examina (vor allem die aktuelleren) sowie mehr als 5000 Prüfungsprotokolle analysiert. Durch den Ausschluss von „exotischen", d. h. nur sehr selten gefragten Themen, und die Identifizierung immer wiederkehrender Inhalte konnte das bestehensrelevante Wissen isoliert werden. Eine didaktisch sinnvolle und nachvollziehbare Präsentation der Prüfungsinhalte sorgt für das notwendige Verständnis.

Grundsätzlich sollte deine Examensvorbereitung systematisch angegangen werden. Hier unsere Empfehlungen für die einzelnen Phasen deines Prüfungscountdowns:

Phase 1: Das Semester vor dem Physikum
Idealerweise solltest du schon jetzt mit der Erarbeitung des Lernstoffs beginnen. So stehen dir für jedes Skript im Durchschnitt drei Tage zur Verfügung. Durch themenweises Kreuzen kannst du das Gelernte fest im Gedächtnis verankern.

Phase 2: Die Zeit zwischen Vorlesungsende und Physikum
Jetzt solltest du täglich ein Skript wiederholen und parallel dazu das entsprechende Fach kreuzen. Unser „30-Tage-Lernplan" hilft dir bei der optimalen Verteilung des Lernpensums auf machbare Portionen. Den Lernplan findest du in Kurzform auf dem Lesezeichen in diesem Skript bzw. du bekommst ihn kostenlos auf unseren Internetseiten oder im Fachbuchhandel.

Phase 3: Die letzten Tage vor der Prüfung
In der heißen Phase der Vorbereitung steht das Kreuzen im Mittelpunkt (jeweils abwechselnd Tag 1 und 2 der aktuellsten Examina). Die Skripte dienen dir jetzt als Nachschlagewerke und – nach dem schriftlichen Prüfungsteil – zur Vorbereitung auf die mündliche Prüfung (siehe „Fürs Mündliche").

Weitere Tipps zur Optimierung deiner persönlichen Prüfungsvorbereitung findest du in dem Band „Lernstrategien, MC-Techniken und Prüfungsrhetorik".

Eine erfolgreiche Prüfungsvorbereitung und viel Glück für das bevorstehende Examen wünscht dir

Dein MEDI-LEARN Team

Wissen, das in keinem Lehrplan steht:

- Wo beantrage ich eine **Gratis-Mitgliedschaft** für den **MEDI-LEARN** Club?

- Wo bestelle ich kostenlos **Famulatur-Länderinfos** und das **MEDI-LEARN** Biochemie-Poster?

- Wann macht eine **Studienfinanzierung** Sinn? Wo gibt es ein **gebührenfreies Girokonto**?

- Warum brauche ich schon während des Studiums eine **zahnarztspezifische Haftpflichtversicherung**?

Lassen Sie sich beraten!
Nähere Informationen und unseren Repräsentanten vor Ort finden Sie im Internet unter www.aerzte-finanz.de

Standesgemäße Finanz- und Wirtschaftsberatung

Inhalt

1	**Das Handwerkszeug – Messen und Rechnen**	**1**
1.1	Physikalische Größen	1
1.1.1	Basisgrößen und -einheiten	1
1.1.2	Abgeleitete Größen und Einheiten	1
1.1.3	Dimensionen von Größen	3
1.1.4	Historische Einheiten	3
1.2	Messfehler	4
1.2.1	Absoluter und relativer Fehler	4
1.3	Statistik und Wahrscheinlichkeitsrechnung	5
1.3.1	Häufigkeit	5
1.3.2	Mittelwert	5
1.3.3	Standardabweichung	5
1.3.4	Normalverteilung	5
1.3.5	Sigma-Regeln	6
1.3.6	Stichprobenumfang und Messunsicherheit	6

2	**Mechanik**	**7**
2.1	Geradlinige Bewegung	7
2.1.1	Weg, Geschwindigkeit und Impuls	7
2.1.2	Beschleunigung	7
2.2	Kraft	8
2.2.1	Schwerkraft	8
2.2.2	Federkraft: Hooke-Gesetz und Elastizitätsmodul	8
2.3	Kreisbewegung	9
2.3.1	Radial- und Winkelgeschwindigkeit	9
2.3.2	Umlaufzeit und Frequenz	9
2.3.3	Radialbeschleunigung und Zentripetalkraft	10
2.3.4	Drehmoment	10
2.3.5	Hebelgesetz	10
2.4	Arbeit, Energie und Leistung	11
2.4.1	Verschiebearbeit	12
2.4.2	Hubarbeit und potenzielle Energie	12
2.4.3	Beschleunigungsarbeit und kinetische Energie	12
2.4.4	Brennwert	12
2.4.5	Leistung	12
2.4.6	Wirkungsgrad	12

3	**Mechanik von Flüssigkeiten und Gasen**	**13**
3.1	Makroskopische Beschreibung von Flüssigkeiten und Gasen	13
3.1.1	Volumen	13
3.1.2	Dichte	13
3.1.3	Druck	13
3.1.4	Auftrieb	14
3.2	Strömungslehre	14
3.2.1	Volumenstromstärke	14
3.2.2	Strömungsgeschwindigkeit	14
3.2.3	Kontinuitätsgleichung	14
3.2.4	Gesetz von Hagen-Poiseuille	15

4	**Wärmelehre**	**19**
4.1	Zustandsgrößen und Stoffeigenschaften	19
4.1.1	Temperatur	19
4.1.2	Wärmekapazität	19
4.2	Ideale Gase	20
4.2.1	Zustandsgleichung	20
4.2.2	Isotherme, isobare und isochore Zustandsänderungen	20
4.2.3	Ideale Gasgemische: Partialdruck	20
4.3	Statistische Prozesse	21
4.3.1	Diffusion	21
4.3.2	Osmose	21

5	**Struktur der Materie**	**22**
5.1	Atome	22
5.1.1	Kern-Hülle-Modell	22
5.1.2	Atomkerne	22

5.1.3	Isotope	23	7.3.3	Polarisation	35
5.2	Weitere Teilchen	23	7.4	Schallwellen	36
5.2.1	Alpha-Teilchen	23	7.4.1	Schallgeschwindigkeit	36
5.2.2	Positron	23	7.4.2	Ultraschall	36
			7.4.3	Doppler-Effekt	36
			7.4.4	Schallpegelmaß	36

6 Elektrizitätslehre 24

6.1	Elektrostatik	24
6.1.1	Ladung	24
6.1.2	Coulomb-Kraft	24
6.1.3	Elektrisches Feld	24
6.2	Elektrischer Strom	24
6.2.1	Spannung	24
6.2.2	Stromstärke	25
6.2.3	Stromdichte	25
6.2.4	Leistung und Arbeit	25
6.3	Gleichstromkreise mit Widerständen	25
6.3.1	Widerstand und Leitfähigkeit	25
6.3.2	Ohm'sches Gesetz	26
6.3.3	Serienschaltung	26
6.3.4	Parallelschaltung	26
6.4	Gleichstromkreise mit Kondensatoren	27
6.4.1	Kapazität	27
6.4.2	Auf- und Entladen: Zeitkonstante	27
6.4.3	Plattenkondensator	28
6.4.4	Serien- und Parallelschaltung	28
6.5	Wechselstrom	29

7 Schwingungen und Wellen 33

7.1	Schwingungen	33
7.1.1	Periodendauer und Frequenz	33
7.1.2	Fadenpendel	33
7.2	Wellen	34
7.2.1	Wellenlänge	34
7.2.2	Ausbreitungsgeschwindigkeit	34
7.2.3	Phasenverschiebung	34
7.3	Elektromagnetische Wellen	34
7.3.1	Lichtgeschwindigkeit	35
7.3.2	Elektromagnetisches Spektrum	35

8 Ionisierende Strahlung 37

8.1	Teilchenstrahlung	37
8.1.1	Radioaktiver Zerfall	37
8.1.2	Aktivität	37
8.1.3	Zerfallsgesetz	37
8.1.4	Halbwertszeit	37
8.1.5	Alpha-Zerfall	38
8.1.6	Beta-Zerfall	38
8.2	Photonenstrahlung	39
8.2.1	Gammastrahlung	39
8.2.2	Röntgenstrahlung	39
8.2.3	Röntgenröhre	39
8.3	Positronen-Emissions-Tomographie	40
8.4	Strahlenschutz	40
8.4.1	Energiedosis, Äquivalentdosis	40
8.4.2	Abstandsgesetz	41
8.4.3	Absorption durch Materie	41

9 Optik 42

9.1	Licht	42
9.1.1	Wellenoptik	42
9.1.2	Strahlenoptik	42
9.1.3	Lichtbrechung	42
9.2	Linsen und optische Geräte	42
9.2.1	Sammellinse	42
9.2.2	Zerstreuungslinse	43
9.2.3	Systeme dünner Linsen	43
9.2.4	Lupe	43
9.2.5	Lichtmikroskop	43
9.3	Photometrie	44
9.3.1	Lambert-Beer-Gesetz	44

1 Das Handwerkszeug – Messen und Rechnen

Fragen in den letzten 10 Examen: 3

Galileo Galilei (1564–1642) kam als Erster auf die Idee, einen physikalischen Zusammenhang mit Hilfe einer mathematischen Formel zu beschreiben. Was damals eine kleine Revolution war, ist heute aus der Physik nicht mehr wegzudenken. Kein Wunder! Mathematische Mittel sind bestens geeignet, physikalische Gesetzmäßigkeiten kompakt und eindeutig darzustellen, Vorhersagen zu treffen und Verknüpfungen herzustellen. Leider ist eine so formale „Sprache der Physik" nur für Eingeweihte verständlich. In diesem Kapitel findest du daher alles, was du als Eingeweihte(r) wissen musst!

1.1 Physikalische Größen

Eine physikalische Größe besteht aus einer **Maßzahl** und einer **Einheit**. In Formeln werden physikalische Größen durch ein **Größensymbol** abgekürzt. Beispiel: In der Angabe m = 3 kg ist m das Größensymbol für die Masse, 3 die Maßzahl und kg die Abkürzung für die Einheit Kilogramm.

Steht ein Größensymbol in eckigen Klammern, ist die Einheit der physikalischen Größe gemeint. Damit kannst du z. B. an Stelle von „die Masse hat die Einheit Kilogramm" schreiben: [m] = kg.

Vektorielle Größen haben zusätzlich noch eine **Richtung**. Um z. B. einen Weg zu beschreiben, brauchst du seine Länge (Maßzahl), die Einheit (z. B. Kilometer) und eine Richtungsangabe (z. B. nach Westen). Das passende mathematische Hilfsmittel für solche Größen ist die **Vektorrechnung**. Im Physikum kannst du aber auf das Rechnen mit Vektoren verzichten, denn es wird nur in ganz seltenen Fällen nach der Richtung gefragt.

1.1.1 Basisgrößen und -einheiten

Es gibt sieben Basisgrößen und -einheiten, die die Grundlage unseres physikalischen Einheitensystems bilden und als SI-Einheiten (französisch: système international d'unités) bezeichnet werden:

Größe	Einheit	Bedeutung
Länge (z. B. Weg, Strecke)	m	Meter
Zeit	s	Sekunde
Masse	kg	Kilogramm
elektrische Stromstärke	A	Ampère
Temperatur	K	Kelvin
Stoffmenge	mol	Mol
Lichtstärke	cd	Candela

Tab. 1: SI-Basiseinheiten

1.1.2 Abgeleitete Größen und Einheiten

Aus den sieben Basisgrößen werden mit Hilfe von physikalischen Gesetzmäßigkeiten weitere Größen definiert – die **abgeleiteten Größen**. Die Geschwindigkeit v ist z. B. definiert als Weg s pro Zeit t:

$$v = \frac{s}{t}$$

Die Einheiten der abgeleiteten Größen heißen **abgeleitete Einheiten**. Sie werden nach denselben Gesetzmäßigkeiten berechnet wie die Größen selbst. Weil das SI-System geschickt gewählt ist, sind dabei nur Multiplikationen und/oder Divisionen nötig. Beispiel: Die Einheit für die Geschwindigkeit ist aus den Einheiten für den Weg und die Zeit zusammengesetzt:

$$[v] = \frac{[s]}{[t]} = \frac{m}{s}$$

1 Messen und Rechnen

Abgeleitete Größe:	[Einheit] *Formel*	Kommentar:
Dichte (temperaturabhängig) $\rho(Rho) = \frac{m}{V}$	$\frac{kg}{m^3} \to \frac{m}{V}$	Masse pro Volumen
Beschleunigung $a = \frac{v}{t}$	$\frac{m}{s^2} = \frac{\frac{m}{s}}{s} = \frac{m}{s^2}$	Geschwindigkeit pro Zeit
Kraft selten: K $F(Force) = m \cdot a = m \cdot \frac{v}{t}$	$N = \frac{kg \cdot m}{s^2}$	N = Newton Masse mal Beschleunigung
Energie und Arbeit (Work) $W = F \cdot s = m \cdot a \cdot s$	$J = N \cdot m = \frac{kg \cdot m^2}{s^2}$	J = Joule Kraft mal Weg
Drehmoment $M = F \cdot r \cdot \sin\alpha$	$N \cdot m = \frac{kg \cdot m^2}{s^2}$	wie Energie (Arbeit) Kraft mal Weg
Impuls $\vec{p}$ (lat. pellere) $= m \cdot \vec{v}$	$\frac{kg \cdot m}{s}$	Masse mal Geschwindigkeit
Druck p (pressure) $= \frac{F}{A}$ (Kraft/Fläche)	$Pa = \frac{N}{m^2} = \frac{kg}{m \cdot s^2}$	Pa = Pascal Kraft pro Fläche 1 bar = 100 000 Pa = 1000 hPa = 100 kPa
Leistung P (Power)	$W = \frac{J}{s} = \frac{kg \cdot m^2}{s^3}$	Energie (Arbeit) pro Zeit
elektrische Leistung P (Power) $P = U \cdot I$	$W = V \cdot A$ (Volt · Ampere)	W = Watt, V = Volt Spannung mal Stromstärke $1W = 1\frac{J}{s} = 1VA = \frac{kg \cdot m^2}{s^3}$
elektrische Ladung Q/q $Q = I \cdot t$	$C = A \cdot s$ (Coulomb)	C = Coulomb Stromstärke mal Zeit
elektrische Feldstärke $\vec{E} = \frac{F}{q}$	$\frac{V}{m}$	V = Volt
elektrischer Widerstand $R = \frac{U}{I}$	$\Omega = \frac{V}{A}$ (Ohm)	Ω = Ohm, V = Volt Spannung durch Stromstärke
Wärmekapazität $C = \frac{Q}{T}$	$\frac{J}{K}$	Energie pro Kelvin
spezifische Wärmekapazität (spezifisch = pro kg) $c = \frac{Q}{T \cdot m}$	$\frac{J}{K \cdot kg}$	Energie pro Kelvin pro Kilogramm eines Stoffes
Molare Masse M (molar = pro mol) $= \frac{m}{n}$	$\frac{kg}{mol}$	Kilogramm pro Mol Masse/Stoffmenge

Tab. 2: Wichtige abgeleitete SI-Einheiten

$1J = 1\frac{kg \cdot m^2}{s^2} = 1 Nm$

$1VAs = 1CV = 1WS$

elektr. Spannung $U = I \cdot R$ oder $\frac{P}{I}$

Stromstärke $I = \frac{U}{R}$ oder $\frac{P}{U}$ oder $\frac{Q}{t}$

1.1.3 Dimensionen von Größen

Die abgeleiteten Einheiten können ziemlich unübersichtlich werden, deshalb gibt es für viele zusammengesetzte Einheiten Abkürzungen, die häufig für den Namen eines berühmten Physikers stehen (z. B. Isaac **Newton**, Alessandro **Volt**a, James **Watt**). Die in Tabelle 2 abgeleitete Größen und ihre zugehörigen Einheiten solltest du kennen.

Die Einheiten können dir beim Lösen der Aufgaben sehr helfen (siehe Mathe-Skript, Kapitel 6). Willst du z. B. eine Fläche berechnen, und als Einheit kommt nicht m² (oder cm², mm²,...) heraus, solltest du deine Formel noch einmal überprüfen!

1.1.3 Dimensionen von Größen

Wären nur die SI-Einheiten selbst erlaubt, kämen häufig sehr große oder sehr kleine Maßzahlen vor. Der Durchmesser einer Zelle beträgt z. B. etwa 0,000003 m. Mit solchen Maßzahlen zu rechnen ist nicht nur unpraktisch, sondern auch fehleranfällig. Wenn du die Maßzahl mit einer passenden **Zehnerpotenz** schreibst, wird die Angabe gleich übersichtlicher: 0,000003 m = $3 \cdot 10^{-6}$ m. Die Zehnerpotenz wird auch **Dimension** oder **Größenordnung** genannt. Für eine noch kompaktere Schreibweise gibt es **Vorsilben** für die SI-Einheiten, die für verschiedene Zehnerpotenzen stehen (s. Tab. 3).
$3 \cdot 10^{-6}$ m kannst du also auch als 3 Mikrometer oder abgekürzt 3 μm schreiben. Mit den Dimensionen solltest du unbedingt sicher umgehen können! Es gibt fast keine Physikumsaufgabe zur Physik, in der du ohne Umrechnung in eine andere Dimension oder Rechnen mit Zehnerpotenzen auskommst. In Kapitel 3 des Mathe-Skripts findest du alles Wichtige zum Rechnen mit Zehnerpotenzen.

Buchstabe		Potenz
G	giga	10^9
M	mega	10^6
k	kilo	10^3
h	hekto	10^2
c	centi	10^{-2}
m	milli	10^{-3}
μ	micro	10^{-6}
n	nano	10^{-9}
p	pico	10^{-12}

Tab. 3: Zehnerpotenzen

> **Merke!**
>
> Beim Rechnen mit Größen in verschiedenen Dimensionen gehst du auf Nummer sicher, wenn du erst alle Vorsilben in Zehnerpotenzen verwandelst, dann mit SI-Einheiten und Zehnerpotenzen rechnest und am Schluss das Ergebnis ggf. wieder mit einer Vorsilbe schreibst.

1.1.4 Historische Einheiten

Das einheitliche SI-System ist ein moderner Luxus. Ursprünglich gab es viele verschiedene Einheiten für dieselbe physikalische Größe. Einige dieser historischen Einheiten werden auch heute noch verwendet. Das Umrechnen kann ziemlich kompliziert sein, vor allem dann, wenn Maßsysteme nicht metrisch sind! Im angloamerikanischen Längensystem wird z. B. in feet (1 foot = 30,48 cm), yards und miles gemessen, wobei 3 feet einem yard und 1760 yards einer mile entsprechen.

Die historischen Einheiten in der folgenden Tabelle werden in der Medizin verwendet. Die fettgedruckten Einheiten solltest du in SI-Einheiten umrechnen können:

1 Messen und Rechnen

Größe	historische Einheit	Abkürzung	Umrechnung in SI-Einheit
Zeit	Minute	min	1 min = 60 s
Zeit	Stunde	h	1 h = 60 min = 3600 s
Zeit	Tag	d	1 d = 24 h = 86400 s
Zeit	Jahr	a	1 a = 365 d = 31536000 s
Temperatur	Grad Celsius	°C	T in K = T in °C + 273
Volumen	Liter	L	1 L = 0,001 m³
Druck	Bar	bar	1 bar = 10^5 Pa
Druck	Torr	mmHg	1 mmHg ≈ 133 Pa
Druck	Zentimeter Wassersäule	cmH$_2$O	1 cmH$_2$O ≈ 98 Pa
Energie	Elektronenvolt	eV	1 eV ≈ 1,6 · 10^{-19} J
Energie	Kalorie	cal	1 cal ≈ 4,18 J

Tab. 4: Historische Einheiten

1.2 Messfehler

Eine perfekte, fehlerfreie Messung gibt es leider nicht. Messgeräte haben z. B. nur eine begrenzte Genauigkeit oder können falsch bedient werden. Damit du die Qualität eines Messergebnisses beurteilen kannst, musst du also wissen, wie groß der Fehler ungefähr ist.

1.2.1 Absoluter und relativer Fehler

Ein fehlerbehaftetes Messergebnis besteht aus dem Messwert und einer Abweichung nach oben und unten. So entsteht ein **Fehlerintervall**, in dem der wahre Wert höchstwahrscheinlich liegt. Es gibt zwei Möglichkeiten, die Abweichungen vom Messwert anzugeben: als absoluten Fehler oder als relativen Fehler.

Der **absolute Fehler** ist die **absolute Abweichung** vom Messwert, gemessen in derselben Einheit wie der Messwert selbst.

Der **relative Fehler** wird als **prozentualer Anteil** des Messwerts angegeben und hat selbst keine Einheit.

Beispiele
Der Messwert für die Länge einer Strecke ist 20 m. Die wahre Länge könnte aber um bis zu 2 m kleiner oder größer sein, d. h. sie liegt in dem Intervall zwischen 18 und 22 Metern. Das Ergebnis mit absoluter Fehlerangabe lautet: Länge = 20 m ± 2 m. Der relative Fehler beträgt (2 m ÷ 20 m) · 100 % = 10 %. Das Ergebnis mit relativer Fehlerangabe lautet: Länge = 20 m ± 10 %.
Ist eine Strecke länger als 15 m? Messwert: 20 m ± 2 m, Antwort: Ja!
Eine Personenwaage mit der absoluten Messunsicherheit von ±1 g ist sehr genau (relativer Fehler bei einem Messwert von 100 kg: 0,001 %).
Eine Diätwaage mit derselben absoluten Messunsicherheit ist ziemlich ungenau (relativer Fehler bei einem Messwert von 10 g: 10 %).

Absoluter und relativer Fehler beschreiben zwar dasselbe Fehlerintervall, helfen aber bei unterschiedlichen Fragestellungen weiter. Willst du den Messwert mit einem anderen Wert vergleichen, ist der absolute Fehler des Messwerts nützlicher. Um die Qualität zwei-

er Messungen oder Messverfahren zu vergleichen, ist dagegen der relative Fehler praktischer.
Bei der Entstehung von Messfehlern spielt der Zufall eine große Rolle. Die Messunsicherheit eines Messinstruments lässt sich deshalb nur zuverlässig bestimmen, indem repräsentative Messreihen durchgeführt und mit statistischen Methoden ausgewertet werden.

1.3 Statistik und Wahrscheinlichkeitsrechnung

In der Medizin wird sehr häufig mit den Methoden der Statistik und Wahrscheinlichkeitsrechnung gearbeitet, z. B. bei der klinischen Prüfung von Arzneimitteln oder der statistischen Untersuchung von Körpermerkmalen. Im Physikum werden deshalb regelmäßig Fragen zu diesem Thema gestellt.
Am Anfang einer statistischen Untersuchung steht die **Datenerfassung**, z. B. die Messung der Körpergröße von 100 Kindern einer bestimmten Altersgruppe. Anschließend werden die Daten ausgewertet und mit Hilfe von statistischen Kenngrößen charakterisiert. Häufig ist das Ziel einer statistischen Untersuchung, möglichst zuverlässige **Prognosen** zu erstellen.

1.3.1 Häufigkeit

Die **absolute Häufigkeit** gibt an, wie häufig ein Merkmal innerhalb einer Stichprobe vorkommt. Für die **relative Häufigkeit** wird die absolute Häufigkeit durch den Stichprobenumfang geteilt. Beispiel: Von 100 Kindern haben 20 eine Körpergröße zwischen 100 und 110 cm. Die absolute Häufigkeit ist 20, die relative Häufigkeit ist 20 : 100 = 0,2 oder 20 %.

1.3.2 Mittelwert

Der Mittelwert (genauer: das **arithmetische Mittel**) ist der „Durchschnitt" aller Einzelmessungen und wird berechnet als:

$$\text{Mittelwert} = \frac{\sum \text{Messwerte}}{\text{Anzahl Messungen}}$$

Beispiele dazu findest du in Abschnitt 5 des Mathe-Skripts.

1.3.3 Standardabweichung

Die Standardabweichung σ ist ein Maß dafür, wie stark die Messwerte durchschnittlich vom Mittelwert abweichen. Bei einer großen Standardabweichung sind die Messwerte breit um den Mittelwert „gestreut". Sind alle Messwerte nah beim Mittelwert, ist die Standardabweichung klein. Im Physikum musst du übrigens keine Standardabweichungen aus Messreihen berechnen, denn ohne Taschenrechner wäre das nicht zumutbar.

1.3.4 Normalverteilung

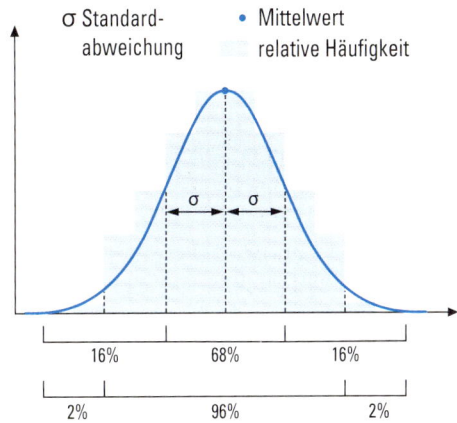

Abb. 1: Häufigkeitsverteilung und Gauß´sche Glockenkurve *medi-learn.de/6-phy-1*

Stellt man die relativen Häufigkeiten der Merkmale einer statistischen Untersuchung graphisch dar, haben diese Graphen sehr oft eine symmetrische **Glockenform** mit dem **Mittelwert** als **Maximum** und Symmetrieachse und der **Standardabweichung** als Maß für die Glockenbreite. Weil die glockenförmige Häufigkeitsverteilung so „normal" ist, nennt man sie Normalverteilung. Carl Friedrich Gauß (1777–1855) hat den Zusammenhang zwischen Normalverteilungen und (zum Rechnen viel praktischeren) analytischen Funktionen, den **Gauß´schen Glockenkurven**, hergestellt.

1 Messen und Rechnen

Ist ein Merkmal (z. B. die Körpergröße) normalverteilt, kannst du Prognosen erstellen, wie eine Stichprobe (z. B. Messung der Körpergröße von 20 Kindern) ausfallen wird. Als Mittelwert der Stichprobe erwartest du das Maximum der Glockenkurve, den **Erwartungswert**. Bei allen anderen Werten gilt: Je „höher" die Glockenkurve in diesem Bereich ist, desto größer ist die **Wahrscheinlichkeit**, dass dieser Wertebereich in der Stichprobe vorkommt. Als **Standardabweichung** der Stichprobe erwartest du die Breite der Glockenkurve. In den Physikumsaufgaben findest du die nötigen Parameter in Sätzen wie diesem: „Die Körpergröße ist normalverteilt mit dem Erwartungswert/Mittelwert 110 cm und der Standardabweichung 20 cm…"

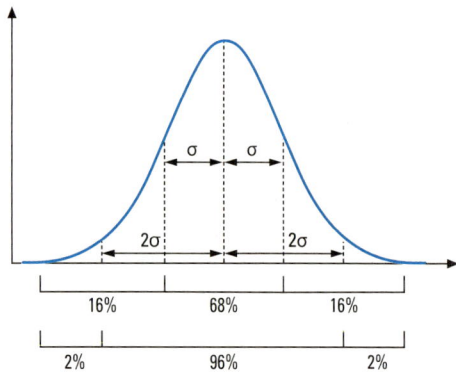

Abb. 2: Sigma-Regeln   *medi-learn.de/6-phy-2*

1.3.5 Sigma-Regeln

Im Physikum wird häufig gefragt, wie wahrscheinlich eine einzige Stichprobe bei einem normalverteilten Merkmal in einem bestimmten Wertebereich „landet". Dabei werden der Erwartungswert und die Standardabweichung (abgekürzt σ = sigma) immer angegeben. Diesen Aufgabentyp löst du am einfachsten mit den Sigma-Regeln. Für alle normalverteilten Merkmale gilt:

1. Die Wahrscheinlichkeit, dass ein Stichprobenwert im 1-σ-Intervall liegt, beträgt 68 %.
2. Die Wahrscheinlichkeit, dass ein Stichprobenwert im 2-σ-Intervall liegt, beträgt 96 %.

Die **untere Grenze** des 1-σ-Intervalls ist der **Erwartungswert minus** die **Standardabweichung**, die obere Grenze ist der **Erwartungswert plus** die **Standardabweichung**. Für das 2-σ-Intervall rechnest du entsprechend minus bzw. plus zwei mal die Standardabweichung. Die Wahrscheinlichkeit, dass die Stichprobe irgendeinen Wert liefert, ist 100 %. Das klingt zwar selbstverständlich, ist aber sehr nützlich. Wenn z. B. die Wahrscheinlichkeit 68 % beträgt, dass eine Stichprobe im 1-σ-Intervall landet, landet sie mit 16 % bei kleineren Werten und mit 16 % bei größeren Werten.

1.3.6 Stichprobenumfang und Messunsicherheit

Ist ein Merkmal normalverteilt, kannst du allerlei Prognosen abgeben, wenn du den Erwartungswert und die Standardabweichung kennst. Müssen diese Parameter aber erst gemessen werden, stellt sich wieder die Frage, wie groß die **Messfehler** sind.

Sollst du z. B. herausfinden, welche durchschnittliche axiale Augapfellänge Erwachsene haben, genügt eine einzelne Messung nicht, denn du könntest zufällig einen sehr kurzen oder sehr langen Augapfel „erwischen". Bildest du dagegen das arithmetische Mittel aus verschiedenen Messungen, gleichen sich die extremen Werte aus und der Unterschied zwischen deinem Mittelwert und dem tatsächlichen Erwartungswert der Normalverteilung wird kleiner. Die **Messunsicherheit des Mittelwerts**, die auch **Standardabweichung des Mittelwerts** genannt wird, ist indirekt proportional zur **Quadratwurzel** aus dem **Stichprobenumfang** n:

$$\text{Messunsicherheit des Mittelwerts} = \frac{\sigma}{\sqrt{n}}$$

Die Konstante σ ist dabei die Standardabweichung der Normalverteilung.

2 Mechanik

Fragen in den letzten 10 Examen: 13

Die Mechanik ist der älteste Zweig der Physik. Das ist kein Zufall, denn in der Mechanik geht es um „Handfestes", um Zusammenhänge, die wir mit unseren Sinnen begreifen können. Darüber hinaus lassen sich viele Erkenntnisse aus der Mechanik auf andere Bereiche der Physik übertragen. Dieses Kapitel soll dir deshalb nicht nur beim Lösen der Physikumsfragen zur Mechanik helfen, sondern als nützliche Grundlage für alle Physikaufgaben dienen.

2.1 Geradlinige Bewegung

Physiker lieben **idealisierte Modelle**. Das Ziel dabei ist es, so viele unwichtige Details wegzulassen, dass die wesentlichen Eigenschaften durch **exakte Formeln** beschrieben werden können. Ein Beispiel für ein idealisiertes Modell ist die geradlinige Bewegung. Die Bewegung ist **eindimensional**, d. h. es gibt nur „vorwärts" und „rückwärts".

2.1.1 Weg, Geschwindigkeit und Impuls

Die mittlere Geschwindigkeit v eines Körpers (z. B. Fahrzeug, Gasmolekül, Wassertropfen) ist der zurückgelegte Weg s geteilt durch die Zeit t, die der Körper dafür benötigt hat:

$$v = \frac{s}{t}$$

$$[v] = \frac{[s]}{[t]} = \frac{m}{s}$$

Für die im Alltag gebräuchliche Einheit km/h gilt: 1 m/s = 3,6 km/h.

Übrigens ...
Geschwindigkeit ist gleich Weg durch Zeit gilt auch für Schallwellen, Lichtwellen bzw. -teilchen oder Elementarteilchen.

In manchen Aufgaben zur Geschwindigkeit sind nur die „Koordinaten" des Start- und Zielpunkts angegeben, sodass du den Weg und/oder die Zeit erst ausrechnen musst.

Beispiel
Start bei 5 m und 5 s, Ziel bei 8 m und 20 s, Weg = (8 – 5) m = 3 m, Zeit = (20 – 5) s = 15 s, Geschwindigkeit = (3 : 15) m/s = 0,2 m/s.

Die Geschwindigkeit v multipliziert mit der Masse m eines Körpers heißt **Impuls** p:
$$p = m \cdot v$$

$$[p] = [m] \cdot [v] = kg \cdot \frac{m}{s}$$

Für ihn gilt der **Impulserhaltungssatz: In einem geschlossenen System bleibt die Summe der Impulse gleich.**
Der Impulserhaltungssatz ist übrigens die Ursache dafür, dass bei der PET zwei Gammaquanten entstehen (s. 8, S. 37).

2.1.2 Beschleunigung

Bleibt die Geschwindigkeit während der Bewegung nicht konstant, wurde der Körper beschleunigt oder abgebremst (Bremsen = **negative Beschleunigung**). Die (mittlere) Beschleunigung ist die Geschwindigkeit(sänderung) v geteilt durch die Zeit t, die der Beschleunigungsvorgang dauert:

$$a = \frac{v}{t}$$

$$[a] = \frac{[v]}{[t]} = \frac{m}{s^2}$$

Ist anstelle der Zeit t die Strecke s gegeben, auf der ein Körper gleichmäßig beschleunigt wird, kannst du die Beschleunigung mit einem Umweg über die mittlere Geschwindigkeit ausrechnen.

2 Mechanik

Beispiel
Ein Körper wird von der Anfangsgeschwindigkeit v_1 = 40 m/s auf einer Strecke s = 40 cm gleichmäßig bis zum Stillstand abgebremst. Wie groß ist die Beschleunigung?
v_1 = 40 m/s, v_2 = 0 m/s
a = v/t → Problem: t ist nicht bekannt.
Weil du die Strecke s kennst, kannst du t mit der Formel für die mittlere Geschwindigkeit berechnen:
v_{mittel} = s/t → t = s/v_{mittel}
v_{mittel} = ½ · (40 m/s + 0 m/s) = 20 m/s
t = 40 cm : 20 m/s = 0,02 s
a = 40 m/s : 0,02 s = 2000 m/s²

Übrigens ...
Weg, Geschwindigkeit und Beschleunigung sind eigentlich vektorielle Größen, denn sie haben eine Richtung. Die Richtung des Wegs und der Geschwindigkeit ist die (momentane) Bewegungsrichtung. Da es bei der geradlinigen Bewegung nur zwei Richtungen gibt, genügt hier die Maßzahl und ein positives oder negatives Vorzeichen.

2.2 Kraft

Wenn sich der Bewegungszustand ein Körpers (z. B. die Geschwindigkeit und/oder Richtung) ändert, ist die Ursache dafür eine Kraft. Das 2. Newtonsche Gesetz stellt den Zusammenhang zwischen der Kraft F und der Beschleunigung a her: F = m · a

Wirkt also auf einen Körper der **Masse** m eine **Kraft** F, so erfährt er die **Beschleunigung** a. Die Kraft ist wie die Beschleunigung eine **vektorielle Größe**. Die Einheit der Kraft ist aus den Einheiten von Masse und Beschleunigung zusammengesetzt und wird mit N für **Newton** abgekürzt:

$[F] = [m] \cdot [a] = \frac{kg \cdot m}{s^2}$

Du kannst den Zusammenhang zwischen Kraft und Beschleunigung aber auch umgekehrt betrachten: Wenn auf einen Körper eine Kraft wirkt, er aber trotzdem in Ruhe bleibt, dann muss es eine zweite Kraft geben, die der ersten Kraft genau entgegenwirkt: $F_1 = -F_2$

Ein solches **Kräftegleichgewicht** kannst du z. B. beim Tauziehen beobachten: Wenn beide Mannschaften gleich stark sind, heben sich die Kräfte genau auf und es geht weder vor noch zurück.

2.2.1 Schwerkraft

Auf jeden Körper auf der Erde wirkt die **Erdanziehungskraft** (Schwerkraft, Gewichtskraft). Sie ist abhängig von der **Masse** des Körpers und auf den **Erdmittelpunkt** gerichtet:
F = m · g   g ≈ 10 m/s²

Die **Gravitationskonstante g** wird mit Hilfe des **Gravitationsgesetzes** aus der Masse und dem Radius der Erde berechnet. Auf dem Mond gilt eine kleinere Gravitationskonstante, deshalb lässt sich derselbe Körper auf dem Mond leichter hochheben als auf der Erde. Die Masse ist gleich, aber die **Gewichtskraft** (umgangssprachlich: das Gewicht) ist kleiner.

2.2.2 Federkraft: Hooke-Gesetz und Elastizitätsmodul

Ziehst du an einem **elastischen Körper**, wird er länger und kehrt, wenn du ihn loslässt, zu seiner ursprünglichen Form zurück. Das gilt allerdings nur für den elastischen Bereich. Wird die Zugkraft zu groß, bleibt die Verformung permanent oder der Körper bricht. Bei Körpern, für die das Hooke-Gesetz gilt, sind die Zugkraft F und die Auslenkung x direkt proportional zueinander:
F = –k · x

Die Spannenergie E beträgt bei der Auslenkung x:

$E = \frac{1}{2} \cdot k \cdot s^2$

Die Federkonstante k wird unter anderem durch den Elastizitätsmodul des Materials bestimmt.
Der Elastizitätsmodul ist definiert als:

$$\text{Elastizitätsmodul} = \frac{\text{Spannung}}{\text{Dehnung}}$$

Die Spannung ist dabei:

$$\text{Spannung} = \frac{\text{Kraft}}{\text{Fläche}}$$

und die Dehnung die Längenänderung relativ zur ursprünglichen Länge:

$$\text{Dehnung} = \frac{\text{Längenänderung}}{\text{ursprüngliche Länge}}$$

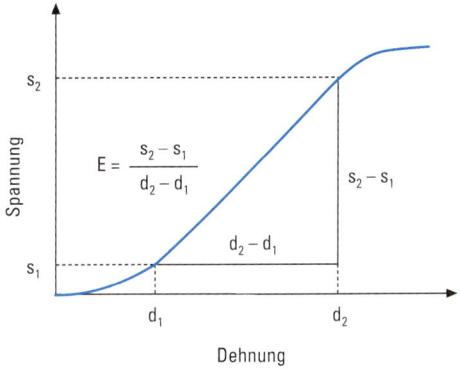

In einem Spannungs-Dehnungs-Diagramm ist der Elastizitätsmodul die Steigung des linearen Bereichs.

Abb. 3: Spannungs-Diagramm

medi-learn.de/6-phy-3

Kennst du den Elastizitätsmodul, die Spannung und die ursprüngliche Länge des Körpers, kannst du die Längenänderung berechnen, indem du die beiden Formeln kombinierst:

$$\text{Längenänderung} = \frac{\text{Spannung} \cdot \text{ursprüngliche Länge}}{\text{Elastizitätsmodul}}$$

Übrigens ...
Die Spannung und der Elastizitätsmodul haben beide die Einheit N/m² = Pa, also dieselbe Einheit wie der Druck.

2.3 Kreisbewegung

Das zweitwichtigste idealisierte Bewegungsmodell nach der geradlinigen Bewegung ist die Kreisbewegung. Die Erde kreist um die Sonne, Elektronen kreisen um den Atomkern, eine Zentrifuge dreht sich im Kreis ...

2.3.1 Radial- und Winkelgeschwindigkeit

Die Geschwindigkeit ist bei Kreisbewegungen manchmal schwieriger zu definieren als bei der geradlinigen Bewegung. Die Geschwindigkeit der Erde bei ihrer Kreisbewegung um die Sonne lässt sich wie oben als **Weg pro Zeit** definieren. Diese Geschwindigkeit heißt **Radialgeschwindigkeit**. Bei einem Kinderkarussell hängt die Geschwindigkeit eines Kindes aber davon ab, wie weit außen das Kind sitzt. In einem solchen Fall ist es viel praktischer zu messen, um welchen **Winkel** sich das Karussell **pro Zeit** weitergedreht hat. Kennst du den Radius r, kannst du die **Winkelgeschwindigkeit ω** in die Radialgeschwindigkeit v umrechnen:
$v = r \cdot \omega$

Die Winkelgeschwindigkeit hat die Einheit s^{-1} (pro Sekunde).

2.3.2 Umlaufzeit und Frequenz

Für einen vollen Umlauf benötigt ein kreisendes Teilchen die **Umlaufzeit** T. Dabei legt es als Weg den Umfang des Kreises $2 \cdot \pi \cdot r$ zurück. Aus der Definition für die Geschwindigkeit (Weg pro Zeit) kannst du also die Umlaufzeit berechnen:

$$v = \frac{2 \cdot \pi \cdot r}{T} \longrightarrow T = \frac{2 \cdot \pi \cdot r}{v} = \frac{2 \cdot \pi}{\omega}$$

Die Frequenz ist der Kehrwert der Umlaufzeit und hat die Einheit s^{-1} oder Hz (Abkürzung für **Hertz**). Sie ist nützlich, wenn du dich an einen Punkt der Kreisbahn „stellst" und wissen willst, wie oft pro Sekunde das Teilchen „vorbeikommt":

$$f = \frac{1}{T} = \frac{v}{2 \cdot \pi \cdot r} = \frac{\omega}{2 \cdot \pi}$$

2 Mechanik

2.3.3 Radialbeschleunigung und Zentripetalkraft

Ein Teilchen bewegt sich nur auf einer Kreisbahn, weil es durch die zum Mittelpunkt des Kreises gerichtete **Zentripetalkraft** dazu gezwungen wird. Selbst bei konstanter Radialgeschwindigkeit v ändert sich ständig die Richtung des Teilchens. Wird die Zentripetalkraft plötzlich „abgeschaltet", bewegt sich das Teilchen ab dem Moment geradeaus weiter (wie ein Auto, das aus der Kurve fliegt).

Den Betrag der Zentripetalkraft kannst du mit Hilfe des zweiten Newton'schen Gesetzes berechnen. Die **Beschleunigung** a des Teilchens hängt von der Geschwindigkeit (entweder Radialgeschwindigkeit v oder Winkelgeschwindigkeit ω) und dem Radius r ab:

$$F = m \cdot a = m \cdot \frac{v^2}{r} = m \cdot r \cdot \omega^2$$

Die Zentrifugalkraft (Fliehkraft) ist eine Scheinkraft in einem beschleunigten System. Sie hat denselben Betrag wie die Zentripetalkraft, aber die umgekehrte Richtung. Ein Probenteilchen in einer Zentrifuge würde beschreiben, dass es aufgrund der Zentrifugalkraft nach außen beschleunigt wird. Ein externer Beobachter sieht dagegen, dass die Probengläser durch die Mechanik der Zentrifuge auf der Kreisbahn gehalten werden (Zentripetalkraft). Auf die Probenteilchen wirkt keine Kraft, deshalb können sie der Kreisbewegung nicht folgen.

2.3.4 Drehmoment

Willst du z. B. einen Drehstuhl in Drehung versetzen, musst du eine Kraft aufwenden. Die Größe der Kraft hängt allerdings davon ab, wie nah an der Drehachse du anfasst. Das **Drehmoment M** berücksichtigt sowohl die **Kraft F**, als auch den **Abstand l** zum Drehpunkt. Bilden F und l einen rechten Winkel, gilt:
M = F · l
[M] = N · m

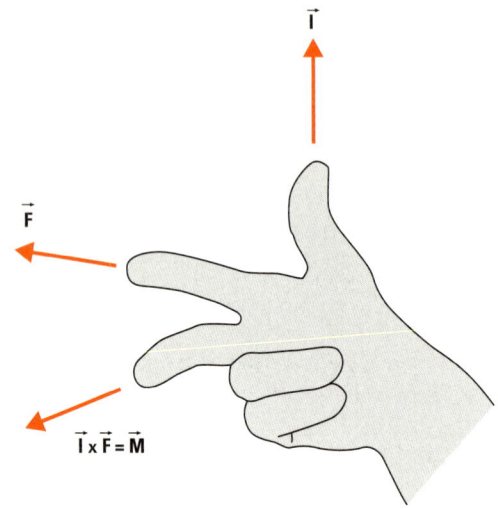

Abb. 4: Drei-Finger-Regel für das Drehmoment

medi-learn.de/6-phy-4

Übrigens ...
Das Drehmoment ist als Vektorprodukt von Abstand zum Drehpunkt und Kraft definiert und damit selbst eine vektorielle Größe. Wenn die Kraft und der Abstand einen rechten Winkel bilden, kannst du die Richtung des Drehmomentvektors mit der Drei-Finger-Regel der rechten Hand bestimmen.

2.3.5 Hebelgesetz

Ein Hebel ist ein starrer Körper (z. B. ein Knochen), der an einem Angelpunkt (z. B. einem Gelenk) drehbar befestigt ist. Kräfte, die an einem Hebel angreifen, bewirken ein Drehmoment. Greifen zwei Kräfte an dem Hebel so an, dass er sich gerade nicht bewegt, ist das Drehmoment nach links genauso groß wie das nach rechts: $M_1 = M_2$
Sind die angreifenden Kräfte F und die Abstände l zum Angelpunkt senkrecht zueinander (wie fast immer in den Physikumsaufgaben), kannst du auch schreiben: $F_1 \cdot l_1 = F_2 \cdot l_2$

2.4 Arbeit, Energie und Leistung

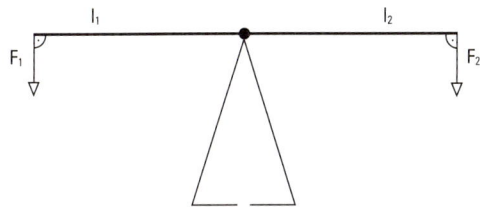

Der Balken behält seine Position, wenn das Produkt aus l_1 und F_1 gleich dem Produkt von l_2 und F_2 ist: Drehmoment nach links = Drehmoment nach rechts.

Abb. 5: Zweiseitiger Hebel: Der Angelpunkt liegt zwischen den Kräften *medi-learn.de/6-phy-5*

> **Merke!**
>
> Verlängerst du den Hebelarm, musst du weniger Kraft aufwenden!

2.4 Arbeit, Energie und Leistung

Bewegst du einen Körper entgegen einer Kraft, leistest du **Arbeit** (z. B. indem du einen Umzugskarton entgegen der Schwerkraft in den 4. Stock trägst). Diese Arbeit speichert der Körper in Form von **Energie**. Anschließend kann er die Energie wieder in Arbeit umwandeln (z. B. indem der Karton aus dem 4. Stock auf eine Porzellanvase fällt und Deformationsarbeit leistet). Für Arbeit und Energie gilt der **Energieerhaltungssatz**:

Die Summe aller Arbeiten und Energien in einem abgeschlossenen System bleibt konstant.

Es geht also nichts verloren, die Energie wird nur in verschiedene Formen umgewandelt.

Arbeit und Energie werden beide in der Einheit **Joule** (Abkürzung: J) gemessen.

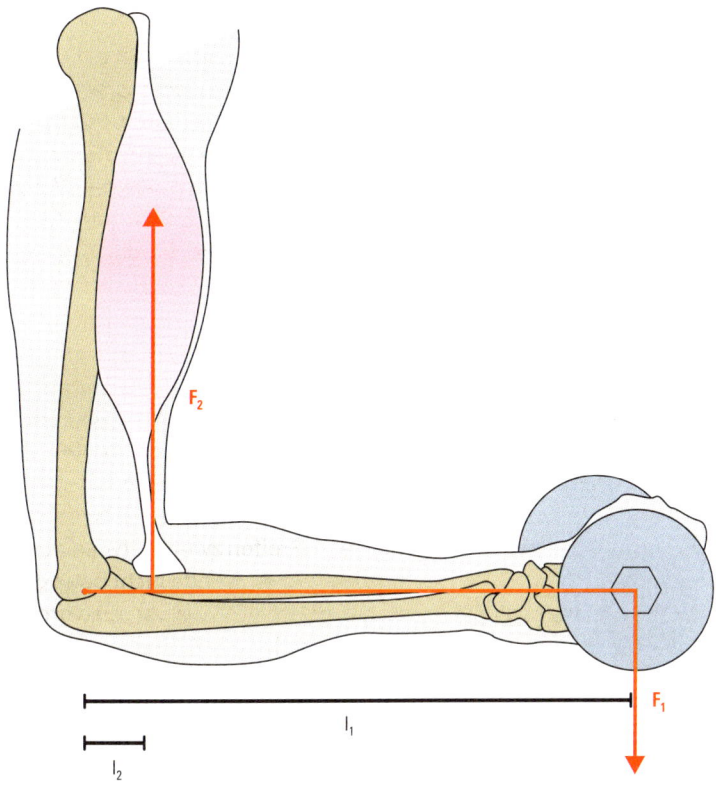

Abb. 6: Einseitiger Hebel: Beide Kräfte greifen auf derselben Seite des Angelpunkts an

medi-learn.de/6-phy-6

2 Mechanik

2.4.1 Verschiebearbeit

Die Verschiebearbeit ist definiert als Kraft mal Weg: $W = F \cdot s$

Dabei ist nur der zum Weg parallele Anteil der Kraft für die Arbeit effektiv (**effektive Kraft**), alle anderen Kraftrichtungen sind für die Verschiebearbeit wirkungslos.

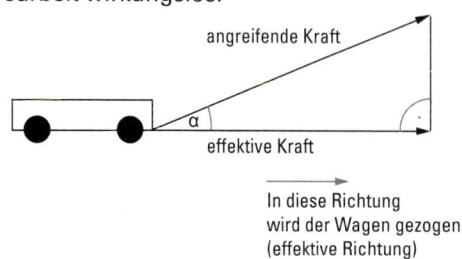

Abb. 7: Kraftvektoren bei der Verschiebearbeit

medi-learn.de/6-phy-7

2.4.2 Hubarbeit und potenzielle Energie

Beim Hochheben eines Körpers verrichtest du Hubarbeit gegen die Gewichtskraft des Körpers. Die Hubarbeit ist definiert als **Gewichtskraft** mal **Höhenänderung**: $W = m \cdot g \cdot \Delta h$

Befindet sich der Körper in einer Höhe h (unabhängig davon, wie er dort hingekommen ist), besitzt er die potenzielle Energie (Lageenergie): $E_{pot} = m \cdot g \cdot h$

Potenzielle Energie ist also gespeicherte Hubarbeit.

2.4.3 Beschleunigungsarbeit und kinetische Energie

Beim Beschleunigen eines Körpers der Masse m (die Geschwindigkeit ändert sich um Δv) verrichtest du Beschleunigungsarbeit gegen die Reibungskraft:
$W = \frac{1}{2} \cdot m \cdot (\Delta v)^2$

Körper, die sich mit einer endlichen Geschwindigkeit v bewegen, besitzen kinetische Energie (Bewegungsenergie):

$E_{kin} = \frac{1}{2} \cdot m \cdot v^2$

Kinetische Energie ist also gespeicherte Beschleunigungsarbeit.

2.4.4 Brennwert

Der Brennwert ist ein Maß für den Energiegehalt eines Stoffs. Verbrennst du z. B. ein Stück Erdbeerkuchen in einem Ofen und misst, wie viel Wärmeenergie frei wird, kennst du den **physikalischen Brennwert** des Kuchenstücks. Der **biologische Brennwert** dagegen ist die Energie, die der Organismus maximal aus dem Stück Erdbeerkuchen gewinnen kann.

2.4.5 Leistung

Die Leistung ist definiert als **Arbeit** W pro **Zeit** t:

$P = \frac{W}{t}$

$[P] = \frac{J}{s} = W$ (Watt)

Wenn du also dieselbe Arbeit in kürzerer Zeit verrichtest, ist deine Leistung größer.

> **Übrigens ...**
> Leistung mal Zeit ergibt Energie. Auf der Stromrechnung wird die verbrauchte Energiemenge z. B. in Kilowattstunden angegeben.

2.4.6 Wirkungsgrad

Eine Maschine (oder ein Organismus) kann Energie in Arbeit umwandeln. Allerdings gelingt dies nicht vollständig, da ein Teil der Energie z. B. durch Reibung oder Umwandlung in Wärme verloren geht. Je höher der Wirkungsgrad ist, desto wirtschaftlicher ist die Maschine:

$\text{Wirkungsgrad} = \frac{\text{verrichtete Arbeit}}{\text{zugeführte Energie}}$

Der Wirkungsgrad hat keine Einheit und wird meistens in Prozent angegeben.

3.1 Makroskopische Beschreibung von Flüssigkeiten und Gasen

3 Mechanik von Flüssigkeiten und Gasen

Fragen in den letzten 10 Examen: 4

Der Mensch besteht hauptsächlich aus Wasser, deshalb sind die mechanischen Eigenschaften von Flüssigkeiten für die Medizin besonders relevant. Gase sind zwar kompressibler als Flüssigkeiten, lassen sich aber ansonsten genauso beschreiben.

3.1 Makroskopische Beschreibung von Flüssigkeiten und Gasen

Flüssigkeiten und Gase bestehen aus Atomen und Molekülen (siehe Kapitel 5). Die Eigenschaften einer makroskopischen Menge (von griechisch μακρός, makros, „weit, groß" und griechisch σκοπεῖν, skopein, „beobachten, betrachten") von Gas- oder Flüssigkeitsteilchen werden jedoch nicht durch das Verhalten einzelner Teilchen bestimmt, sondern sind **gemittelte Eigenschaften** einer sehr **großen Zahl** von Teilchen.

3.1.1 Volumen

Der **Rauminhalt**, den eine Menge Materie einnimmt, heißt Volumen. Die SI-Einheit des Volumens ist der Kubikmeter: $[V] = m^3$

Häufig wird das Volumen auch in der Einheit **Liter** gemessen. Es gilt:
$1\,L = 1\,dm^3$ $\quad 1\,m^3 = 1000\,L$

Das **Umrechnen** zwischen Liter und m³ in verschiedenen Größenordnungen ist etwas lästig, wird in den Physikumsaufgaben aber sehr oft verlangt. Du solltest dir entweder einen „todsicheren" Rechenweg merken, z. B.

$3\,L = ?\,m^3$
Definitionen: $1\,L = 1\,dm^3$ und $1\,dm = 0{,}1\,m$
Einsetzen: $3\,L = 3\,dm^3 = 3 \cdot (0{,}1\,m)^3 = 3 \cdot 0{,}001\,m^3 = 0{,}003\,m^3$
oder die wichtigsten Umrechnungen kennen:

Liter	L	$1\,L = 1\,dm^3$	Kubikdezimeter
Milliliter	mL	$10^{-3}\,L = 1\,cm^3$	Kubikzentimeter
Mikroliter	μl	$10^{-6}\,L = 1\,mm^3$	Kubikmillimeter
Femtoliter	fL	$10^{-15}\,L = 1\,μm^3$	Kubikmikrometer

Tab. 5: Umrechnungen von Volumeneinheiten

3.1.2 Dichte

Die Dichte ist das Verhältnis zwischen der **Masse m** eines Körpers und seinem **Volumen V**:

$$\rho = \frac{m}{V}$$

$$[\rho] = \frac{kg}{m^3}$$

Im Physikum wird vorausgesetzt, dass du die Dichte von Wasser kennst. Sie beträgt
$\rho_{Wasser} = 1\,kg/L = 1\,kg/dm^3 = 1000\,kg/m^3$.

> **Merke!**
>
> Ein 1L-Tetrapack wiegt ein Kilogramm. Wenn du es zu einem Würfel verformen könntest, hätte dieser die Kantenlänge 1 dm.

3.1.3 Druck

Der mechanische Druck ist definiert als **Kraft** pro **Fläche**:

$$p = \frac{F}{A} \qquad [p] = \frac{N}{m^2} = Pa\;(Pascal)$$

3 Mechanik von Flüssigkeiten und Gasen

Ein Skifahrer übt weniger Druck auf den Schnee aus als ein Fußgänger mit derselben Masse, weil die Auflagefläche der Ski größer ist als die der Schuhe.
Die Definition für den mechanischen Druck lässt sich auch auf Flüssigkeiten oder Gase anwenden.

Abb. 8: Mechanischer Druck

medi-learn.de/6-phy-8

3.1.4 Auftrieb

Taucht ein Körper mit der Masse m und dem Volumen V in eine Flüssigkeit mit der Dichte ρ ein, wirken zwei Kräfte auf den Körper: Die **Gewichtskraft** $F_G = m \cdot g$
zieht ihn nach unten und die **Auftriebskraft**
$F_A = \rho \cdot g \cdot V = m_{Flüssigkeit} \cdot g$

zieht ihn nach oben. Die Auftriebskraft ist die Gewichtskraft des durch den Körper verdrängten Flüssigkeitsvolumens und nur vom **Volumen des Körpers** und der **Dichte der Flüssigkeit** abhängig.

Das Verhältnis von Auftriebskraft und Gewichtskraft entscheidet darüber, ob ein Körper schwimmt:

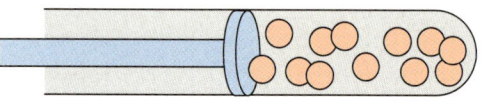

Steht der Kolben still, ist der äußere Druck (Kraft pro Kolbenquerschnittsfläche) gleich dem inneren Druck der Substanz.

Abb. 9: Mechanischer Druck auf Flüssigkeiten/Gase

medi-learn.de/6-phy-9

$F_A = F_G \rightarrow$ Körper schwebt
$F_A > F_G \rightarrow$ Körper steigt oder schwimmt an der Oberfläche
$F_A < F_G \rightarrow$ Körper sinkt

3.2 Strömungslehre

Der menschliche Blutkreislauf ist im Wesentlichen ein System aus einer Pumpe und verschieden dicken Rohren, durch die eine Flüssigkeit strömt. Im Physikum kommen deshalb häufig Aufgaben zur Strömungslehre vor.

3.2.1 Volumenstromstärke

Die mittlere Volumenstromstärke I ist definiert als Flüssigkeits**volumen**, das pro **Zeit** t an einem Punkt vorbeifließt:

$$I = \frac{V}{t}$$

Übrigens ...
Für Flüssigkeitsströmungen gilt genau wie für den elektrischen Strom:
$I_{gesamt} = I_1 + I_2$ (s. 6.3.4, S. 26). Die Gesamtstärke zweier parallel geschalteter Rohre ist also die Summe der Einzelstromstärken.

3.2.2 Strömungsgeschwindigkeit

Die Volumenstromstärke lässt sich auch durch die **Strömungsgeschwindigkeit** v und die **Querschnittsfläche** A des Rohrs ausdrücken:
$I = v \cdot A$

In vielen Aufgaben musst du die Fläche für einen kreisförmigen Rohrquerschnitt aus dem Durchmesser d oder Radius r berechnen:
$A_{Kreis} = \pi \cdot r^2 = \pi \cdot (\frac{1}{2} \cdot d)^2$

3.2.3 Kontinuitätsgleichung

Wenn eine Flüssigkeit kontinuierlich durch ein unverzweigtes Rohr strömt, ohne dass sie verdichtet wird oder der Flüssigkeitsstrom zwischendurch abreißt, muss die **Volumenstromstärke konstant** bleiben: $I_1 = I_2$

3.2.4 Gesetz von Hagen-Poiseuille

Ändert sich also der **Querschnitt** des Rohrs, passt sich die **Strömungsgeschwindigkeit** an:
$A_1 \cdot v_1 = A_2 \cdot v_2$

Je größer die Querschnittsfläche, desto langsamer fließt die Flüssigkeit und umgekehrt. Drückst du z. B. einen Gartenschlauch am Ende zusammen, fließt das Wasser schneller und spritzt entsprechend weiter aus dem Schlauch heraus.

3.2.4 Gesetz von Hagen-Poiseuille

Ein Flüssigkeitskreislauf braucht einen Antrieb (z. B. eine Pumpe), sonst wird die Strömung wegen der **Reibung** innerhalb der Flüssigkeit und mit der Rohrwand immer langsamer und hört schließlich ganz auf. Herrscht dagegen eine **Druckdifferenz Δp**, strömt die Flüssigkeit entgegen der Reibung in Richtung des niedrigeren Drucks. Das Hagen-Poiseuille-Gesetz stellt den Zusammenhang zwischen der **Volumenstromstärke** I und der Druckdifferenz Δp her:

$I = \dfrac{\Delta p}{R} = G \cdot \Delta p$

Die Konstante R heißt **Strömungswiderstand** und ihr Kehrwert G Strömungsleitwert. Beide lassen sich z. B. experimentell bestimmen: Misst du die Volumenstromstärke in Abhängigkeit der Druckdifferenz und trägst die Werte grafisch auf, erhältst du eine Gerade mit dem **Strömungsleitwert** als Steigung.

Der Strömungswiderstand hängt von der **Länge** l und dem **Radius** r des Rohrs und der **Viskosität** (Zähflüssigkeit) η der Flüssigkeit ab:

$R = \dfrac{8 \cdot l \cdot \eta}{\pi \cdot r^4}$

> **Merke!**
>
> Der Strömungswiderstand hängt extrem (mit der 4. Potenz) vom Radius des Rohrs ab: Ein halbierter Radius bedeutet z. B. einen 16-fach höheren Strömungswiderstand.

Das Hagen-Poiseuille-Gesetz gilt nur für Rohre mit **kreisförmigem** Durchmesser und **newton'sche Flüssigkeiten** (η ist unabhängig vom Druck), die **laminar** (ohne Verwirbelungen) strömen.

Übrigens ...
Obwohl du in den Physikumsaufgaben das Hagen-Poiseuille-Gesetz auch für Blut anwenden darfst, ist Blut keine newton'sche Flüssigkeit. Bei hohem Druck nimmt die Viskosität des Blutes ab, weil z. B. die Erythrozyten ihre Netzwerke auflösen, sich verformen und der Stromrichtung entsprechend orientieren.

DAS BRINGT PUNKTE

Um im schriftlichen Teil mit wenig Aufwand an die maximale Punktzahl zu kommen, solltest du aus den Kapiteln „**Messen und Rechnen**", „**Mechanik**" und „**Mechanik von Flüssigkeiten und Gasen**" das Folgende wissen:

- Du solltest den absoluten Fehler in den relativen Fehler umrechnen können und umgekehrt.
- Bei einer normalverteilten Größe landet eine Stichprobe mit einer Wahrscheinlichkeit von 68 % im 1-σ-Intervall und mit einer Wahrscheinlichkeit von jeweils 16 % davor oder dahinter.
- Mittlere Geschwindigkeit = zurückgelegte Weg pro Zeit
- Mittlere Beschleunigung = Geschwindigkeitsänderung pro Zeit
- Kraft = Masse mal Beschleunigung
- Gewichtskraft = Masse mal Erdbeschleunigung (g = 10 m/s^2)
- Elastizitätsmodul = Spannung pro Dehnung
- Längenänderung = Spannung mal ursprüngliche Länge geteilt durch Elastizitätsmodul
- Hebelgesetz: $F_1 \cdot l_1 = F_2 \cdot l_2$
- Leistung = Arbeit pro Zeit
- Die Dichte des Wassers beträgt 1kg/dm^3.
- Kontinuitätsgleichung: $A_1 \cdot v_1 = A_2 \cdot v_2$
- Der Strömungswiderstand hängt mit der 4. Potenz vom Radius des Rohrs ab.

FÜRS MÜNDLICHE

Auch wenn Physik in den mündlichen Prüfungen nicht als einzelnes Fach geprüft wird, ist das Verständnis ihrer Inhalte doch grundlegend für andere vorklinische Fächer. Zu den Themen „Messen und Rechnen", „Mechanik" sowie „Strömung" werden daher gerne folgende Fragen gestellt:

1. Nennen Sie die Basiseinheiten des SI-Systems!

2. Erklären Sie die Bedeutung der Standardabweichung am Beispiel der Normalverteilung.

3. Wie können Sie bei einer Messreihe die Messunsicherheit des Mittelwerts senken?

4. Warum könnten Sie auf dem Mond höher springen als auf der Erde?

5. Warum ist die Kreisbewegung eine beschleunigte Bewegung?

6. Welche Hubarbeit wird verrichtet, wenn ein Körper der Masse 10 kg um 10 m angehoben wird?

7. Warum treiben Wasserleichen nach einiger Zeit wieder an die Wasseroberfläche?

8. Wie ändert sich die Strömungsgeschwindigkeit in einer flüssigkeitsdurchströmten Röhre, wenn die Querschnittsfläche der Röhre halbiert wird?

9. Was ist eine laminare Strömung?

FÜRS MÜNDLICHE

1. Nennen Sie die Basiseinheiten des SI-Systems!
Länge (m), Zeit (s), Masse (kg), elektrische Stromstärke (A), Temperatur (K), Stoffmenge (mol), Lichtstärke (cd).

2. Erklären Sie die Bedeutung der Standardabweichung am Beispiel der Normalverteilung.
Die Standardabweichung ist ein Maß dafür, wie weit die Messwerte um den Mittelwert streuen. Bei der Normalverteilung beträgt die Wahrscheinlichkeit 68 %, dass eine Stichprobe im 1-σ-Intervall liegt.

3. Wie können Sie bei einer Messreihe die Messunsicherheit des Mittelwerts senken?
Das geht nur durch Erhöhung des Stichprobenumfangs.

4. Warum könnten Sie auf dem Mond höher springen als auf der Erde?
Weil der Mond aufgrund seiner geringeren Masse eine kleinere Gravitationskonstante hat.

5. Warum ist die Kreisbewegung eine beschleunigte Bewegung?
Weil sich die Richtung dauernd ändert und eine Richtungsänderung eine Kraft und damit eine Beschleunigung erfordert.

6. Welche Hubarbeit wird verrichtet, wenn ein Körper der Masse 10 kg um 10 m angehoben wird?
$W = m \cdot g \cdot h = 10 \text{ kg} \cdot 10 \text{ m/s}^2 \cdot 10 \text{ m}$
$= 1000 \text{ N}$

7. Warum treiben Wasserleichen nach einiger Zeit wieder an die Wasseroberfläche?
Durch die entstehenden Gase sinkt die Dichte und der Auftrieb wird größer.

8. Wie ändert sich die Strömungsgeschwindigkeit in einer flüssigkeitsdurchströmten Röhre, wenn die Querschnittsfläche der Röhre halbiert wird?
Die Strömungsgeschwindigkeit verdoppelt sich.

9. Was ist eine laminare Strömung?
Eine Gas- oder Flüssigkeitsströmung ohne Turbulenzen.

Pause

Wow! Da hast du aber schon viel weggearbeitet. Jetzt erstmal 10 Minuten Pause!

Ein besonderer Berufsstand braucht besondere Finanzberatung.

Als einzige heilberufespezifische Finanz- und Wirtschaftsberatung in Deutschland bieten wir Ihnen seit Jahrzehnten Lösungen und Services auf höchstem Niveau. Immer ausgerichtet an Ihrem ganz besonderen Bedarf – damit Sie den Rücken frei haben für Ihre anspruchsvolle Arbeit.

- Services und Produktlösungen vom Studium bis zur Niederlassung
- Berufliche und private Finanzplanung
- Beratung zu und Vermittlung von Altersvorsorge, Versicherungen, Finanzierungen, Kapitalanlagen
- Niederlassungsplanung & Praxisvermittlung
- Betriebswirtschaftliche Beratung

Lassen Sie sich beraten!

Nähere Informationen und unseren Repräsentanten vor Ort finden Sie im Internet unter www.aerzte-finanz.de

Standesgemäße Finanz- und Wirtschaftsberatung

4 Wärmelehre

 Fragen in den letzten 10 Examen: 8

Wärme ist eine spezielle Energieform (**thermische Energie**). Die Wärmelehre (**Thermodynamik**) beschäftigt sich u. a. mit der Umwandlung von thermischer Energie in andere Energieformen. Dabei gilt die **Energieerhaltung** (siehe Kapitel 2) und das Prinzip, dass die **Entropie** („Unordnung") im Universum ständig **zunimmt**. Wärme ist die Energieform mit der größten Entropie, daher kann sie nur zum Teil in „geordnetere" Energieformen umgewandelt werden. Ein warmer Ball kühlt z. B. nicht spontan ab und hüpft dafür in die Höhe.

4.1 Zustandsgrößen und Stoffeigenschaften

In der Thermodynamik wird der Zustand eines Stoffes mit Hilfe von **Zustandsgrößen** beschrieben, z. B. Druck, Temperatur, Volumen, Stoffmenge, Energie, Entropie ... Um aus allgemein formulierten thermodynamischen Zusammenhängen Zustandsgrößen für einen konkreten Stoff vorhersagen zu können, müssen dessen **Stoffeigenschaften**, wie z. B. Wärmekapazität, thermischer Ausdehnungskoeffizent oder Kompressionsmodul bekannt sein. In den Physikumsaufgaben werden besonders gerne Fragen zur Temperatur und zur Wärmekapazität gestellt.

4.1.1 Temperatur

Die Temperatur ist ein Maß für die Wärmeenergie eines Stoffes. Auf mikroskopischer Ebene entspricht die Temperatur eines Stoffes der **kinetischen Energie** seiner **Teilchen**, allerdings **gemittelt über alle Bewegungsrichtungen**. Die Temperatur ist daher selbst keine Energieform. Die Temperatur, die ein physikalisches Objekt hätte, wenn es überhaupt keine Energie besäße, heißt der absolute Nullpunkt. Er liegt bei etwa –273 °C und wurde als Nullpunkt der **Kelvin-Temperaturskala** festgelegt (–273 °C = 0 K). Die Kelvin-Skala hat zwar dieselben Temperaturabstände wie die **Celsius-Skala**, aber im Unterschied zu ihr keine negativen Werte.

Willst du eine Temperaturangabe in °C in die Einheit Kelvin umrechnen, addierst du 273:
Kelvin = °Celsius + 273

Temperaturdifferenzen brauchst du nicht umrechnen, sie sind in beiden Skalen gleich.

> **Merke!**
>
> Temperaturangaben in den Physikumsaufgaben, die auf 7 enden, müssen oft in Kelvin umgerechnet werden, es ergeben sich dann nämlich schöne glatte Zahlen.

4.1.2 Wärmekapazität

Die Wärmekapazität eines Körpers ist die **Wärmemenge**, die einem Körper zugeführt werden muss, damit sich seine **Temperatur** um **1 Kelvin (= 1 °C) erhöht**:

$$c = \frac{\Delta Q}{\Delta T} \quad \begin{array}{l}\Delta Q : \text{Wärmemenge} \\ \Delta T : \text{Temperaturunterschied}\end{array}$$

$$[c] = \frac{J}{K}$$

Die Wärmekapazität c hängt u. a. vom Material und der Masse m des Körpers ab. Die **spezifische Wärmekapazität** c_{spez} bezieht sich auf **ein Kilogramm** des Materials:

$$c_{spez} = \frac{c}{m} = \frac{\Delta Q}{\Delta T \cdot m}$$

$$[c_{spez}] = \frac{J}{K \cdot kg}$$

4 Wärmelehre

Die spezifischen Wärmekapazitäten vieler Materialien kannst du in Tabellen oder Datenblättern nachschlagen.

> **Übrigens ...**
> Die spezifische Wärmekapazität von Wasser ist mit 4,2 kJ/K · kg sehr hoch. Die Weltmeere sind also gute Energiespeicher und verhindern extreme Temperaturunterschiede auf der Erde.

4.2 Ideale Gase

Ideale Gase bestehen aus **punktförmigen Teilchen**, die sich **nicht gegenseitig anziehen**. Die Teilchen bewegen sich geradeaus, bis sie **elastisch** mit anderen Teilchen oder der Wand des Behälters **zusammenstoßen**, d. h. sie verhalten sich ähnlich wie **Billardkugeln**. Obwohl diese Modellvorstellung extrem vereinfacht erscheint, sind die Eigenschaften von idealen Gasen und realen Gasen unter „Alltagsbedingungen" sehr ähnlich!

4.2.1 Zustandsgleichung

Das ideale Gasgesetz ist eine **Zustandsgleichung**, die den Zusammenhang zwischen dem **Druck** p, dem **Volumen** V, der **Stoffmenge** n und der Temperatur T (in Kelvin!), beschreibt:
$p \cdot V = n \cdot R \cdot T$ $\qquad R = 8{,}31 \, J \cdot mol^{-1} \cdot K^{-1}$

Die Konstante R heißt **allgemeine Gaskonstante**. Bei konstanter Stoffmenge kannst du das ideale Gasgesetz weiter vereinfachen:
$$\frac{p \cdot V}{T} = \text{const.}$$

Bei Standardbedingungen (273 K, 1 bar) hat 1 mol eines idealen Gases immer das Volumen 22,4 Liter!

4.2.2 Isotherme, isobare und isochore Zustandsänderungen

Änderst du den Zustand eines Gases **isotherm**, bleibt die **Temperatur** konstant. Es dürfen sich nur noch Druck, Volumen und Stoffmenge ändern. Ist n ebenfalls konstant, vereinfacht sich das ideale Gasgesetz zu:

$$p \cdot V = \text{const.} \iff p = \text{const.} \cdot \frac{1}{V}$$

Trägst du nun den Druck in Abhängigkeit des Volumens auf, erhältst du den charakteristischen **Graphen** für die Funktion **y = 1/x**.

Bei einer **isobaren** Zustandsänderung ist der **Druck** konstant. Mit konstanter Stoffmenge gilt: $V = \text{const.} \cdot T$

V gegen T oder T gegen V aufgetragen ergeben eine **Ursprungsgerade**.

Isochor bedeutet „bei konstantem **Volumen**". Ist die Stoffmenge ebenfalls konstant, gilt: $p = \text{const.} \cdot T$

Auch hier erhältst du wieder eine **Ursprungsgerade**, wenn du p in Abhängigkeit von T oder T in Abhängigkeit von p aufträgst.

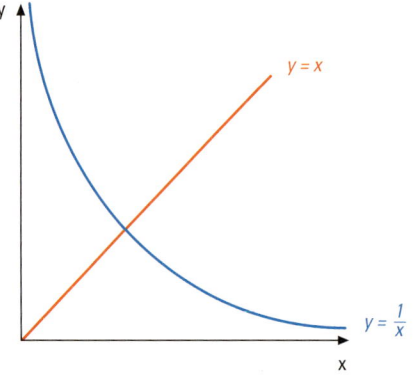

Abb. 10: Graphen für die Funktionen y = 1/x und y = x
medi-learn.de/6-phy-10

4.2.3 Ideale Gasgemische: Partialdruck

Bei idealen Gasgemischen gilt dieselbe Modellvorstellung wie bei reinen idealen Gasen mit der Erweiterung, dass sich die Teilchen unterschiedlicher Gassorten auch nicht anziehen. Der Druck, den jede Gassorte hätte, wenn sie alleine in dem Behälter wäre, heißt **Partialdruck**. Alle Partialdrücke addiert ergeben den **Gesamtdruck** des Gasgemisches.

Ein typisches Gasgemisch ist die normale **Atemluft**. Sie besteht zu 78 % aus **Stickstoff** (N_2), zu 21 % aus **Sauerstoff** (O_2) und Spuren von Argon, Kohlendioxid und anderen Gasen. Bei Normaldruck (1013 hPa) betragen die **Partialdrücke** von Stickstoff und Sauerstoff also 790 hPa und 213 hPa.

4.3 Statistische Prozesse

Atome und Moleküle sind in Bewegung, und zwar umso mehr, je höher die Temperatur ist. Diese Bewegung heißt nach ihrem Entdecker **Brown'sche Molekularbewegung**. Gibt es keine äußeren Einflüsse, sind alle **Bewegungsrichtungen** gleich wahrscheinlich und der Stoff erscheint makroskopisch betrachtet unverändert.

4.3.1 Diffusion

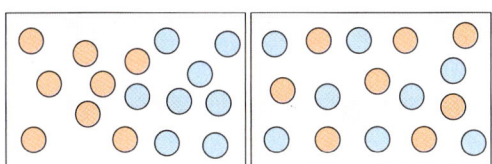

Die statistische Wahrscheinlichkeit, dass sich ein blaues Teilchen von rechts nach links bewegt ist groß, weil rechts viele blaue Teilchen sind.

Abb. 11: Diffusion (vorher/nachher)

medi-learn.de/6-phy-11

Gibt es in einem Gemisch Orte, an denen die Konzentration einer Teilchensorte höher oder niedriger ist, sorgt die Brown'sche Molekularbewegung für einen **Konzentrationsausgleich**, der als Diffusion bezeichnet wird.
Die **Diffusion** erfolgt immer vom Ort der **höheren Konzentration** zum Ort der **niedrigeren Konzentration**. Der Prozess ist umso schneller, je
- größer der **Konzentrationsunterschied** (Gradient) ist,

- je größer die **Temperatur** ist,
- je kleiner die **Masse** der diffundierenden Teilchen ist.

Die Diffusion sorgt schließlich für dieselbe **Teilchenkonzentration** an jedem Ort im Behälter, bzw. für eine **vollständige Durchmischung** zweier oder mehrerer Stoffe. Da dieser Zustand „unordentlicher" ist, ist die Diffusion **entropiebegünstigt**.

4.3.2 Osmose

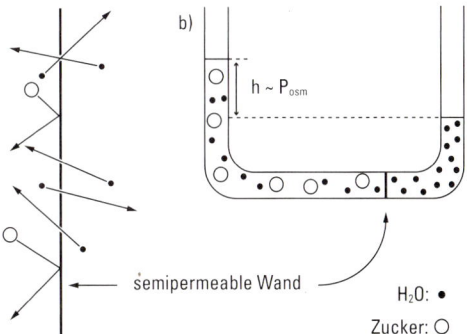

Abb. 12: Osmose *medi-learn.de/6-phy-12*

Als Osmose wird die **Diffusion** durch eine **semipermeable** (halbdurchlässige) Wand bezeichnet. Die Wand ist dabei nur für das Lösungsmittel, nicht aber für die gelösten Teilchen durchlässig. Sind auf den beiden Seiten der Wand unterschiedlich viele Teilchen gelöst, **strömt das Lösungsmittel zum Ort der höheren Teilchenkonzentration**, um den Konzentrationsunterschied so weit wie möglich auszugleichen. Der **osmotische Druck** p_{osm} zeigt das Ausmaß der Osmose.

Bei der Osmose kommt es nicht auf die **Art** der gelösten Teilchen an (die nicht durch die Wand gelangen können), sondern nur auf ihre **Anzahl** (genauer: die Konzentration). Die **Osmolarität** einer Lösung gibt die Gesamtkonzentration aller gelösten Teilchen an. Beispiel: Eine 1 molare NaCl-Lösung enthält 1 mol Na^+ und 1 mol Cl^-, die Osmolarität der Lösung beträgt 2. Eine 1 molare Glucoselösung hat dagegen auch die Osmolarität 1.

5 Struktur der Materie

 Fragen in den letzten 10 Examen: 3

Es ist zwar nicht unbedingt nötig zu wissen, woraus Materie eigentlich besteht, um Physik zu betreiben (das haben Physiker Jahrhunderte lang bewiesen), aber es hilft ungemein.

5.1 Atome

Bereits in der Antike waren manche Naturphilosophen der Meinung, dass Materie aus kleinsten Bausteinen, den **Atomen** bestehen müsse. Den Durchbruch schaffte diese Theorie erst, als John Dalton (1766–1844) mit Hilfe von Atomen erklären konnte, wie **chemische Reaktionen** funktionieren:
- Materie besteht aus Atomen.
- Jedes chemische Element besteht aus einer charakteristischen Atomsorte.
- Bei einer chemischen Reaktion werden Atome miteinander verbunden oder Verbindungen getrennt.
- Die Eigenschaften von Verbindungen (Molekülen) hängen vom Anzahlverhältnis der beteiligten Atome ab.

5.1.1 Kern-Hülle-Modell

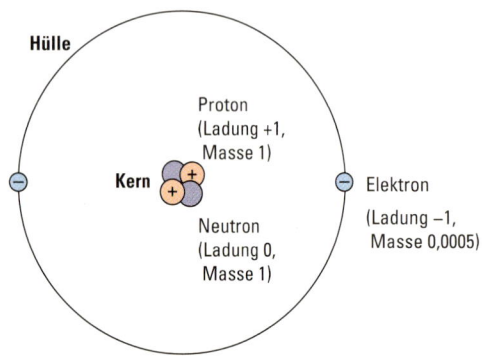

Abb. 13: Kern-Hülle-Modell *medi-learn.de/6-phy-13*

Atome haben – anders als Dalton vermutete – eine innere Struktur. Im Zentrum eines Atoms befindet sich ein **positiv** geladener **Atomkern**, der von einer Hülle mit **negativ** geladenen **Elektronen** umgeben ist. Die Ladungen gleichen sich gerade aus und das Atom erscheint nach außen neutral. Die Elektronenhülle nimmt den größten Teil des Atomvolumens ein: Hätte der Atomkern die Größe eines Fußballs, wäre die Elektronenhülle so groß wie ein Fußballstadion. In dem winzigen Atomkern ist aber fast die gesamte **Masse** des Atoms konzentriert.

5.1.2 Atomkerne

Atomkerne bestehen aus Protonen und Neutronen. Diese Teilchen werden Nukleonen (Kernteilchen) genannt. Die **Protonen** tragen eine **positive Elementarladung**, die **Neutronen** sind elektrisch **neutral**.

Protonen und Neutronen haben fast dieselbe Masse: eine **atomare Masseneinheit** (s. Tab. 6, S. 23). **Elektronen** tragen eine **negative Elementarladung**. Sie **wiegen** nur etwa 1/2000 einer atomaren Masseneinheit, also **fast nichts**. Die Anzahl der **Nukleonen** in einem Atomkern, also der Protonen und Neutronen zusammen, heißt **Massenzahl**.

Die **Ordnungszahl** gibt die Anzahl der **Protonen** in einem Atomkern an. Sie bestimmt, zu welchem **chemischen Element** das Atom gehört. Die Anzahl der Neutronen kannst du als Differenz von Massen- und Ordnungszahl berechnen:

Neutronenzahl = Massenzahl – Protonenzahl

Ein Atomkern mit genau festgelegter Massen- und Ordnungszahl wird in der Physik als **Nuklid** bezeichnet. Die **Kurzschreibweise** für ein Nuklid ist das Elementsymbol mit der Massenzahl links oben und der Ordnungszahl links unten, z. B.:

$$^1_1H \;,\; ^{12}_{6}C \;,\; ^{60}_{27}Co$$

Das Elementsymbol legt die Ordnungszahl bereits eindeutig fest, deshalb wird sie in der Kurzschreibweise manchmal weggelassen.

> **Merke!**
> Die Massenzahl ist niemals kleiner als die Ordnungszahl!

5.1.3 Isotope

Atome mit derselben Protonen- aber unterschiedlicher Neutronenzahl heißen **Isotope**. Sie gehören zu demselben chemischen Element, haben aber eine **unterschiedliche Masse**. Nur wenn das Protonen-Neutronen-Verhältnis ausgewogen ist, sind die Atomkerne stabil. Die meisten chemischen Elemente bestehen aus mehreren stabilen Isotopen, z. B.:

^1_1H , ^2_1H (Deuterium), ^3_1H (Tritium, radioaktiv!)

Isotope mit instabilen Atomkernen heißen **Radioisotope**. Ihre Kerne zerfallen unter Aussendung von radioaktiver Strahlung.

> **Übrigens ...**
> Die Massenzahlen, die du z. B. in Periodensystemen findest, sind keine ganzen Zahlen, weil über die Masse der verschiedenen Isotope gemittelt wird.

5.2 Weitere Teilchen

Beim radioaktiven Zerfall (s. Kapitel 8) kommen außer dem Elektron noch zwei weitere Teilchen vor, die du kennen solltest: das Alpha-Teilchen und das Positron.

5.2.1 Alpha-Teilchen

Das Alpha-Teilchen entsteht beim radioaktiven α-Zerfall. Es besteht aus **zwei Protonen** und **zwei Neutronen** und wiegt daher vier atomare Masseneinheiten. Ein Atom mit zwei Protonen gehört zum Element Helium. Das Alpha-Teilchen ist also ein **Heliumkern**.

5.2.2 Positron

Das Positron ist das **Antiteilchen** zum **Elektron**. Es hat dieselbe Masse wie das Elektron, ist aber nicht negativ, sondern **positiv** geladen. Trifft ein Elektron auf ein Positron, **vernichten** sie sich gegenseitig und es wird **Paarvernichtungsstrahlung** frei. Diese Reaktion wird in der Positronenemissionstomographie genutzt.

Teilchen	Masse in u	Ladung in e
Proton	1	+1
Neutron	1	0
Elektron	~0	–1
Positron	~0	+1
α-Teilchen	4	+2

Ladungen in Vielfachen der Elementarladung $e = 1{,}6 \cdot 10^{-19}$ C, Massen in atomaren Masseneinheiten: $1\,u = 1{,}7 \cdot 10^{-27}$ kg = 1/12 der Masse des Kohlenstoffisotops ^{12}C

Tab. 6: Massen und Ladungen wichtiger Teilchen

6 Elektrizitätslehre

 Fragen in den letzten 10 Examen: 7

Die Elektrizitätslehre spielt in der Medizin eine große Rolle, z. B. bei der Untersuchung von elektrischen Vorgängen im Körper oder dem Einsatz von elektrischen Geräten zur Diagnose oder Therapie. Im Physikum werden deshalb häufig Fragen zur Elektrizitätslehre gestellt.

6.1 Elektrostatik

Die Elektrostatik beschreibt die Wechselwirkung zwischen **ruhenden** elektrischen Ladungen.

6.1.1 Ladung

Die elektrische Ladung ist die Basis für die Elektrizitätslehre. Im SI-Einheitensystem ist sie aber keine Basisgröße, sondern wird über den elektrischen Stromfluss I und die Zeit t definiert: $Q = I \cdot \Delta t$
$[Q] = A \cdot s = C$ (Coulomb)

Die elektrische Ladung kann **positiv** oder **negativ** sein. Sie kommt nur als ganzzahliges Vielfaches der **Elementarladung** $e = 1{,}6 \cdot 10^{-19}$ C vor, denn die Teilchen mit der kleinsten Ladung sind das **Proton** (Ladung +e) und das **Elektron** (Ladung –e).

6.1.2 Coulomb-Kraft

Positive und negative Ladungen ziehen sich gegenseitig an, Ladungen mit dem gleichen Vorzeichen stoßen sich ab. Der Betrag der Coulomb-Kraft ist umso größer, je größer die **Ladungen** sind und je kleiner der **Abstand** zwischen den Ladungen ist.

6.1.3 Elektrisches Feld

In einem System von vielen Ladungen ist die Kraft F auf eine ganz bestimmte Ladung Q die Summe der Coulomb-Kräfte zwischen Q und allen anderen Ladungen. Diese **Vektoraddition** muss wiederholt werden, sobald sich die Position oder der Betrag der Ladung Q ändert. Das elektrische Feld ist dagegen **unabhängig** von Q.

Das elektrische Feld einer Ladungsverteilung kann gemessen oder (für besondere Fälle) berechnet werden. Dabei wird an **jedem Punkt im Raum** festgestellt, welche **Kraft** F auf eine positive Probeladung (q = +e) wirkt. Diese Kraft geteilt durch q ergibt die **elektrische Feldstärke** E an diesem Punkt:

$$E = \frac{F}{q}$$

$$[E] = \frac{V}{m}$$

Die elektrische Feldstärke ist genau wie die Coulomb-Kraft eine **vektorielle Größe** und zeigt in dieselbe Richtung. Kennst du E, kannst du leicht die Kraft auf irgendeine Ladung Q ausrechnen.

6.2 Elektrischer Strom

Elektrischer Strom ist der **Fluss** von **elektrischen Ladungen** in einem **Medium**. In Metallen wird die Ladung von frei beweglichen Elektronen transportiert, in Elektrolyten bewegen sich positive und negative Ionen.

6.2.1 Spannung

Das **elektrische Potenzial** an einem Ort ist ein Maß für den **Energiegehalt**, den eine Probeladung dort hätte. Ist das elektrische Potenzial zwischen zwei Orten **unterschiedlich**, herrscht zwischen diesen Orten eine **elektrische Spannung**. Die Spannung wird in der Einheit **Volt** (abgekürzt V) gemessen.

Da Ladungen einen möglichst geringen Energiegehalt anstreben, möchten sie sich zum Ort des geringeren Potenzials bewegen. Eine Spannung ist also die **Ursache** für elektrischen Stromfluß. Misst du **zwischen zwei Punkten** keine Spannung, fließt auch kein Strom.

> **Merke!**
>
> In einem geschlossenen Stromkreis ist die Summe aller Spannungen null.

6.2.2 Stromstärke

Die elektrische Stromstärke gibt an, wie viel **Ladung** pro **Zeit** t an einem Ort „vorbeikommt":

$$I = \frac{Q}{t}$$

$[I] = A$ (Ampère)

6.2.3 Stromdichte

Die Stromdichte ist definiert als **Stromstärke I** geteilt durch die **Querschnittsfläche A** des Leiters:

$$j = \frac{I}{A}$$

$[j] = \frac{A}{m^2}$

Im Physikum wird gerne nach der Stromdichte **flächenhafter Elektroden** gefragt.

6.2.4 Leistung und Arbeit

Die elektrische Leistung P ist das Produkt von **Spannung U** und **Stromstärke I**: $P = U \cdot I$

$[P] = V \cdot A = W$ (Watt)

Aus dem Kapitel 2 weißt du schon, dass Leistung auch **Arbeit** pro **Zeit** t ist. Die elektrische Arbeit ist also: $W_{el} = P \cdot t = U \cdot I \cdot t$

Setzt du in dieser Formel für I das **ohmsche Gesetz** ein (siehe unten), erhältst du:

$$W_{el} = \frac{U^2}{R} \cdot t$$

Halbierst du die Spannung, sinkt die Leistung also auf ein Viertel. Deshalb gibt ein europäischer (nicht Reise-)Fön in den USA auch nur ein laues Lüftchen ab ...

6.3 Gleichstromkreise mit Widerständen

Ladungsträger können sich nicht ohne **Reibung** durch ein Medium bewegen. In Metallen z. B. stoßen die Elektronen immer wieder mit den Atomrümpfen zusammen und werden dadurch aufgehalten.

6.3.1 Widerstand und Leitfähigkeit

Der Widerstand R eines elektronischen Bauteils zeigt, wie stark es den Stromfluss „behindert". Er wird in der Einheit **Ohm** (abgekürzt Ω) gemessen. Der Kehrwert des Widerstands heißt **Leitwert**:

$$G = \frac{1}{R}$$

$[G] = \frac{1}{\Omega} = S$ (Siemens)

Je größer der Leitwert ist, desto leichter bewegen sich die Ladungsträger durch das Bauteil. Der Widerstand eines elektronischen Bauteils (auch ein Kabel ist schon ein Bauteil!) hängt u. a. vom Material (spezifischer Widerstand),

6 Elektrizitätslehre

von der Form, aber auch von der Temperatur ab. Der Widerstand eines Metalls steigt mit der Temperatur, weil die Schwingungen der Atomrümpfe stärker werden. Der Widerstand in einem Elektrolyt sinkt dagegen mit der Temperatur, weil die Teilchen beweglicher werden.

6.3.2 Ohm'sches Gesetz

In einem Stromkreis mit einer Spannungsquelle treibt die **Spannung** U den **Strom** I gegen den **Widerstand** R an: $U = R \cdot I$

> **Merke!**
>
> U = RI ist ein schweizer Kanton.

Abbildung 14 zeigt einen typischen Schaltplan für einen Stromkreis. Der Strom fließt von der positiven zur negativen Elektrode der Spannungsquelle (technische Stromrichtung). Ein Bauteil (kurz: ein Widerstand) setzt dem Strom Widerstand entgegen, der Widerstand der Kabel ist viel kleiner und wird vernachlässigt. Ein in Serie geschaltetes Ampèremeter misst die elektrische Stromstärke, die an jedem Punkt des Stromkreises gleich ist (kein Leck, kein Stau, keine Lücke). Ein parallel zum Widerstand geschaltetes Voltmeter misst die Spannung, also die Potenzialdifferenz zwischen einem Punkt vor dem Widerstand und einem Punkt nach dem Widerstand. Sie fällt an dem Widerstand ab.

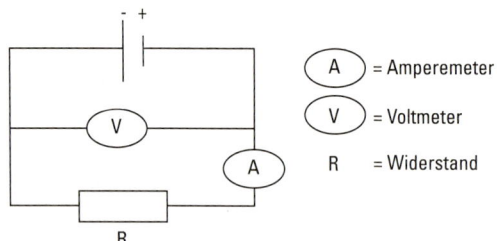

Abb. 14: Stromkreis mit Spannungsquelle, Widerstand und Messgeräten

medi-learn.de/6-phy-14

> **Übrigens ...**
> Die technische Stromrichtung von + nach – stammt aus einer Zeit, als noch nicht bekannt war, dass Elektronen, also negativ geladene Teilchen, für die Stromleitung in Metallen sorgen.

6.3.3 Serienschaltung

Bei einer Serienschaltung (**Reihenschaltung**) werden zwei Widerstände **hintereinander** geschaltet.

Abb. 15: Serienschaltung/Reihenschaltung von zwei Widerständen

medi-learn.de/6-phy-15

Da alle Ladungsträger denselben Weg nehmen, ist die **Stromstärke** durch den ersten Widerstand genauso groß wie die durch den zweiten Widerstand: $I_{gesamt} = I_1 = I_2$

Am ersten Widerstand fällt ein Teil der Spannung ab (U_1), am zweiten Widerstand der Rest (U_2). Die Summe der beiden Spannungen ist die insgesamt abfallende **Spannung**:
$U_{gesamt} = U_1 + U_2$

Ein **Ersatzwiderstand**, der zu denselben Werten für I_{gesamt} und U_{gesamt} führen würde, müsste so groß sein wie beide Widerstände zusammen:
$R_{gesamt} = R_1 + R_2$

6.3.4 Parallelschaltung

Bei einer Parallelschaltung können die Ladungsträger zwischen zwei **alternativen Wegen** wählen.
Die **Spannung** ist überall gleich (du kannst das Voltmeter z. B. an den Verzweigungspunkten anschließen): $U_{gesamt} = U_1 = U_2$

6.4 Gleichstromkreise mit Kondensatoren

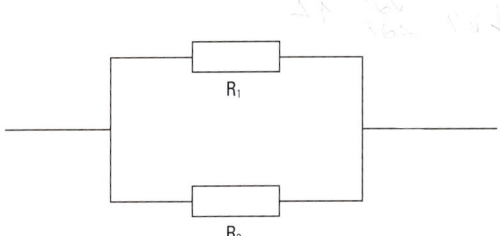

Abb. 16: Parallelschaltung von zwei Widerständen

medi-learn.de/6-phy-16

Da der Strom zwischen zwei Wegen wählen kann, addieren sich die **Stromstärken** durch die beiden Wege zur Gesamtstromstärke:

$I_{gesamt} = I_1 + I_2$

Durch den Weg mit dem größeren Widerstand (kleinerer Leitwert) wird weniger Strom fließen als durch den Weg mit dem kleineren Widerstand (größerer Leitwert).

Den **Gesamtwiderstand** der Schaltung (Ersatzwiderstand) berechnest du mit folgender Formel:

$$\frac{1}{R_{gesamt}} = \frac{1}{R_1} + \frac{1}{R_2}$$

> **Merke!**
>
> Bei einer Parallelschaltung von Widerständen addieren sich die **Leitwerte**.

Beispiel: $R_1 = 60\ \Omega$, $R_2 = 30\ \Omega$

$$\frac{1}{R_{gesamt}} = \frac{1}{60} + \frac{1}{30} = \frac{3}{60}$$

$$R_{gesamt} = \frac{60}{3} = 20\ \Omega$$

6.4 Gleichstromkreise mit Kondensatoren

Ein Kondensator ist ein elektronisches Bauteil, auf dem elektrische **Ladungen gespeichert** werden können. Ein Kondensator besteht aus zwei elektrisch leitenden Flächen, den **Elektroden**. Das Medium zwischen den Elektroden leitet den Strom nicht (**Dielektrikum**), sodass sich auf einer Elektrode die positiven und auf der anderen die negativen Ladungen ansammeln.

> **Übrigens ...**
> Ein Kondensator hat einen unendlich großen Widerstand.

6.4.1 Kapazität

Die **Ladungen** Q auf den Elektroden eines Kondensators sind proportional zur angelegten **Spannung** U. Die Proportionalitätskonstante heißt Kapazität:

$$C = \frac{Q}{U}$$

$[C] = F$ (Farad)

Die Kapazität hängt von der **Bauform** des Kondensators ab. Ein Kondensator mit größerer Kapazität speichert bei derselben Spannung mehr Ladung als ein Kondensator mit kleinerer Kapazität.

6.4.2 Auf- und Entladen: Zeitkonstante

Ein Kondensator braucht eine gewisse **Zeit**, um aufgeladen zu werden. Zu Beginn wächst die Ladung schnell, dann immer langsamer, weil sich gleichnamige Ladungen abstoßen. Misst du während des Ladevorgangs die Spannung (oder die Ladung) in Abhängigkeit der Zeit, erhältst du einen charakteristischen Verlauf (s. Abb. 17, S. 28).

Die **Zeitkonstante** τ hängt von der **Kapazität C** des Kondensators und vom **Widerstand R** im Stromkreis ab: $\tau = R \cdot C$

Bei der Entladung nimmt die Spannung von ihrem ursprünglichen Wert U_0 exponentiell ab:
$U(t) = U_0 \cdot e^{-(t/\tau)}$

6 Elektrizitätslehre

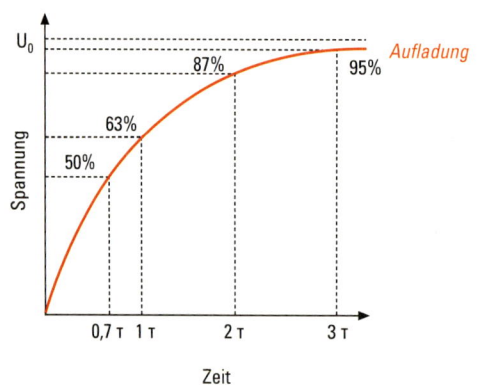

Abb. 17: Aufladen eines Kondensators: Spannung in Abhängigkeit der Zeit

medi-learn.de/6-phy-17

Auch in dieser Formel kommt die Zeitkonstante τ vor. Nach τ wird im Physikum gerne gefragt.

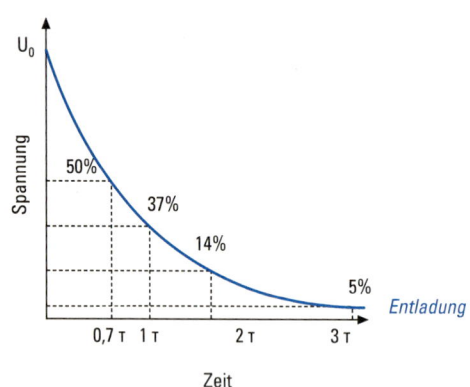

Abb. 18: Entladen eines Kondensators: Spannung in Abhängigkeit der Zeit

medi-learn.de/6-phy-18

6.4.3 Plattenkondensator

Ein Plattenkondensator besteht aus zwei parallelen Platten mit der **Fläche A**, die in einem **Abstand d** zueinander montiert sind. Zwischen den Platten befindet sich entweder ein Vakuum (Dielektrizitätskonstante $\varepsilon_0 = 8{,}854 \cdot 10^{-12}$ C/Vm) oder ein **Medium** mit der Dielektrizitätskonstante ε (Vakuum: $\varepsilon=1$).

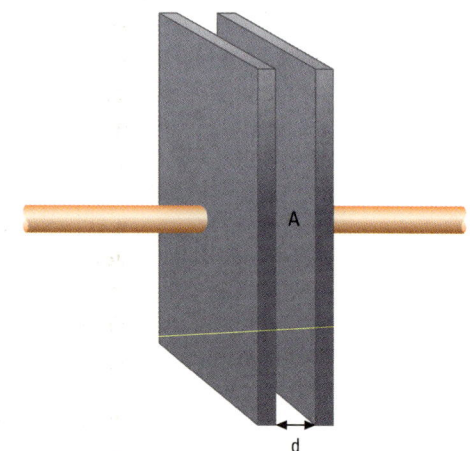

Abb. 19: Plattenkondensator

medi-learn.de/6-phy-19

Die **Kapazität** eines Plattenkondensators lässt sich exakt berechnen:

$$C = \varepsilon \cdot \varepsilon_0 \cdot \frac{A}{d}$$

Die Kapazität ist also umso größer, je größer die Platten sind und je kleiner der Abstand zwischen ihnen ist.

6.4.4 Serien- und Parallelschaltung

Schaltest du zwei Kondensatoren in **Serie**, ist die Gesamtkapazität C_{gesamt} der Schaltung kleiner als jede der beiden Einzelkapazitäten C_1 bzw. C_2:

$$\frac{1}{C_{gesamt}} = \frac{1}{C_1} + \frac{1}{C_2}$$

Bei einer **Parallelschaltung** von Kondensatoren addieren sich die Kapazitäten:
$C_{gesamt} = C_1 + C_2$

> **Merke!**
>
> Die Formel für die Gesamt**kapazität** bei **Serien**schaltung sieht so aus wie die für den Gesamt**widerstand** bei **Parallel**schaltung und umgekehrt.

6.5 Wechselstrom

Wird Strom über längere Strecken transportiert, sind die Reibungsverluste umso kleiner, je höher die Spannung ist. Da bei Gleichstrom U und I festgelegt sind, wird in Stromnetzen kein Gleichstrom, sondern Wechselstrom verwendet. Wechselstrom kann auf beliebige Spannungen **transformiert** werden (die zugehörige Stromstärke ergibt sich aus $P = U \cdot I$): Für den Transport wird **Hochspannung** und im Haushalt **Niederspannung** verwendet.

Wechselstrom ändert seine Richtung (**Polung**) in regelmäßiger Wiederholung. Trägst du die **Stromstärke** (oder **Spannung**) gegen die **Zeit** auf, erhältst du eine charakteristische Sinuskurve:

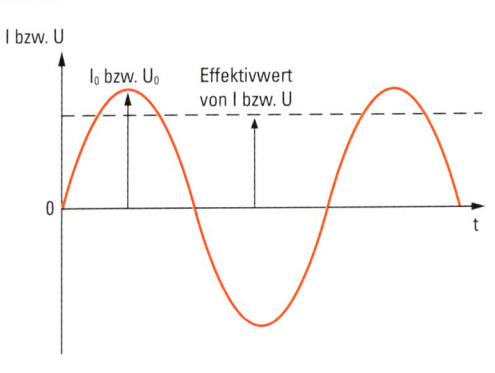

Abb. 20: Wechselstrom: Stromstärke bzw. Spannung in Abhängigkeit der Zeit

medi-learn.de/6-phy-20

Der Durchschnittswert (**Effektivwert**) der Spannung bzw. Stromstärke ist der Spitzenwert U_0 bzw. I_0 geteilt durch die Quadratwurzel aus 2.

> **Merke!**
>
> Für die Effektivwerte gilt das Ohm'sche Gesetz ($U = R \cdot I$).

Übrigens ...
In Deutschland liegt die Frequenz 50 Hz, der Effektivwert der Spannung bei 230 V.

DAS BRINGT PUNKTE

Aus den Kapiteln „**Wärmelehre**", „**Struktur der Materie**" und „**Elektrizitätslehre**" solltest du vor allem die folgenden Fakten parat haben, um durchs richtige Kreuzen einige wertvolle Punkte zu sammeln:

- Temperatur in K = Temperatur in °C + 273
- Wärmekapazität = Wärmemenge pro Temperaturunterschied
- spezifische Wärmekapazität = Wärmekapazität pro Masse
- ideales Gasgesetz: $p \cdot V = n \cdot R \cdot T$
- Atome mit derselben Protonen- aber unterschiedlicher Neutronenzahl heißen Isotope.
- Neutronenzahl = Massenzahl minus Ordnungszahl
- Ohm'sches Gesetz: $U = R \cdot I$
- Leistung = Stromstärke mal Spannung
- Kapazität = Ladung pro Spannung
- Zeitkonstante Kondensator: $\tau = R \cdot C$

FÜRS MÜNDLICHE

Zu den Themen der letzten drei Kapitel kannst du dich allein oder gemeinsam mit deiner Lerngruppe anhand der folgenden Fragen auf die mündliche Prüfung vorbereiten:

1. Was ist der absolute Nullpunkt?
2. Was ist Diffusion?
3. Warum sollte weder Meerwasser noch destilliertes Wasser infundiert werden?
4. Was sind Isotope?
5. Was beeinflusst die Stabilität von Atomkernen?
6. Was ist ein Alpha-Teilchen?
7. Wie lautet das Ohm'sche Gesetz?
8. Wie ändert sich der Widerstand eines Kupferkabels mit der Temperatur?
9. Was ist elektrischer Strom?
10. Wieviele Nulldurchgänge hat elektrische Wechselspannung mit 50 Hz pro Sekunde?

1. Was ist der absolute Nullpunkt?
Die Temperatur –273 °C oder 0 K. Teilchen hätten am absoluten Nullpunkt, wenn sie ihn erreichen könnten (was nicht möglich ist), keine Energie.

2. Was ist Diffusion?
Bringt man zwei unterschiedliche Flüssigkeiten oder Gase zusammen, verteilen sich die Teilchen so, dass überall die gleiche Teilchenkonzentration herrscht.

3. Warum sollte weder Meerwasser noch destilliertes Wasser infundiert werden?
In beiden Fällen unterscheidet sich die Ionenkonzentration von der physiologischen Osmolarität, sodass Körperzellen entweder austrocknen (Meerwasser) oder platzen (dest. Wasser) würden.

4. Was sind Isotope?
Zwei Nuklide sind Isotope, wenn sie die gleiche Protonenzahl, aber unterschiedli-

FÜRS MÜNDLICHE

che Neutronenzahlen haben. Sie gehören zu demselben chemischen Element, haben aber eine unterschiedliche Masse.

5. Was beeinflusst die Stabilität von Atomkernen?
Die Neutronenzahl darf weder zu klein noch zu groß sein.

6. Was ist ein Alpha-Teilchen?
Ein Alpha-Teilchen ist ein Helium-Kern, also ein Atomkern, der aus zwei Protonen und zwei Neutronen besteht.

7. Wie lautet das Ohm'sche Gesetz?
$U = R \cdot I$.

8. Wie ändert sich der Widerstand eines Kupferkabels mit der Temperatur?
Je höher die Temperatur wird, desto größer wird der Widerstand, da die Schwingungen der Atomrümpfe stärker werden.

9. Was ist elektrischer Strom?
Elektrischer Strom ist bewegte Ladung. In Metallen bewegen sich Elektronen, in Elektrolytlösungen bewegen sich Ionen.

10. Wieviele Nulldurchgänge hat elektrische Wechselspannung mit 50 Hz pro Sekunde?
Die Frequenz 50 Hz bedeutet: 50 Schwingungen pro Sekunde. Jede Schwingung hat zwei Nulldurchgänge, deshalb sind es 100 Nulldurchgänge pro Sekunde.

Pause

Wieder ein paar Seiten geschafft! Prima!
Jetzt ist eine lange Pause angesagt ...

Mehr Cartoons unter www.medi-learn.de/cartoons

DEINE FRAGE
VIELE ANTWORTEN

WWW.MEDI-LEARN.DE/SKR-FOREN

AB DEM 5. SEMESTER GEHT ES ERST RICHTIG LOS

MEDI-LEARN FOREN

MEDI-LEARN®

7 Schwingungen und Wellen

Fragen in den letzten 10 Examen: 13

Aus dem letzten Kapitel kennst du schon den Wechselstrom, bei dem Spannung und Stromstärke eine harmonische Schwingung ausführen. Besonders wichtig sind Schwingungen und Wellen außerdem für die elektromagnetische Strahlung und die Akustik.

7.1 Schwingungen

Schwingungen sind sich **periodisch** wiederholende Bewegungen um eine **Ruhelage**. Ergibt die Auslenkung in Abhängigkeit der Zeit eine **Sinuskurve**, heißt die Schwingung **harmonisch**.

7.1.1 Periodendauer und Frequenz

Für eine vollständige **Schwingungsperiode** benötigt das System die Zeit T (**Periodendauer**). Der Kehrwert der Periodendauer ist die Zahl der Schwingungen pro Zeit und heißt **Frequenz**.

$$f = \frac{1}{T}$$

$[f] = \dfrac{1}{s} = $ Hz (Hertz)

$[T] = s$

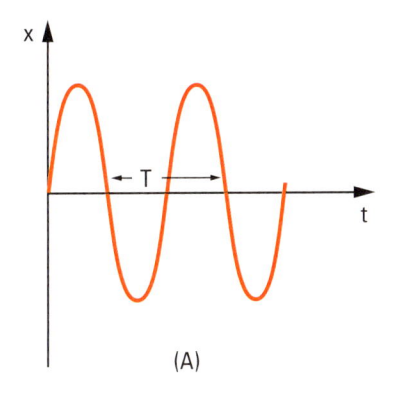

7.1.2 Fadenpendel

Ein Fadenpendel kannst du leicht selber bauen, indem du an einem **Faden** ein kleines **Gewicht** befestigst und den Faden dann an der Decke aufhängst. Hängt das Gewicht **lotrecht** herunter, befindet sich das Pendel in der **Ruhelage**. Stößt du das Gewicht leicht an, schwingt es von rechts nach links um die Ruhelage. Wegen der Reibung (**Dämpfung**) wird die Auslenkung mit der Zeit immer kleiner. Eine idealisierte **ungedämpfte Schwingung** hört, einmal angestoßen, nie wieder auf.
An einem ungedämpft schwingenden Fadenpendel ist die Energie erhalten:

$E_{gesamt} = E_{kin} + E_{pot}$

Am Punkt des **maximalen Ausschlags** ist die potenzielle Energie E_{pot} maximal, weil das Gewicht seinen höchsten Punkt erreicht, die kinetische Energie E_{kin} dagegen ist null, denn das Pendel steht kurz still, bevor es seine Richtung ändert. In der **Ruhelage** ist die kinetische Energie maximal (höchste Geschwindigkeit), die potenzielle Energie dafür null (tiefster Punkt).

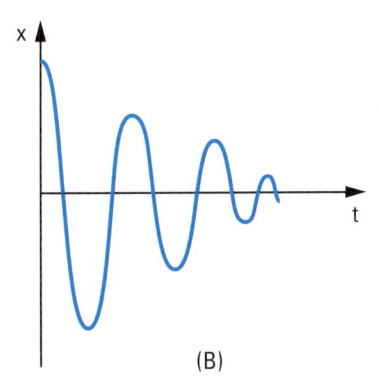

Abb. 21: Auslenkung x eines Pendels in Abhängigkeit der Zeit t (A) ungedämpfte Schwingung (B) gedämpfte Schwingung

medi-learn.de/6-phy-21

7 Schwingungen und Wellen

7.2 Wellen

Wellen sind Schwingungen, die sich **räumlich ausbreiten**. Dabei wird nur die Bewegung transportiert, keine Materie. Eine Gummiente bewegt sich z. B. auf Wasserwellen nur auf und ab, nicht in Bewegungsrichtung der Welle. Die **Amplitude** einer Welle ist die **maximale** Auslenkung aus der Ruhelage. Die **momentane** Auslenkung und die Bewegungs**richtung** zusammen heißen **Phase**.

7.2.1 Wellenlänge

Die Wellenlänge λ einer Welle ist der kleinste **Abstand** zweier Punkte mit gleicher **Phase** (z. B. zwei benachbarte Wellenberge einer Sinusschwingung). Die Wellenlänge ist das räumliche Analogon zur Periodendauer einer Schwingung.

7.2.2 Ausbreitungsgeschwindigkeit

Die Ausbreitungsgeschwindigkeit (**Phasengeschwindigkeit**) gibt an, wie schnell sich Punkte gleicher Phase (z. B. ein Wellenberg) bewegen. Sie ist das Produkt der **Wellenlänge** λ und der **Frequenz** f: $c = \lambda \cdot f$

> **Merke!**
>
> Wellenlänge und Frequenz sind **nicht** proportional zueinander.

7.2.3 Phasenverschiebung

Zwei Wellen sind gegeneinander phasenverschoben, wenn ihre Wellenlängen und Frequenzen zwar übereinstimmen, die **Zeitpunkte** für eine **Phase** (z. B. Nulldurchgang oder Wellenberg) aber unterschiedlich sind.

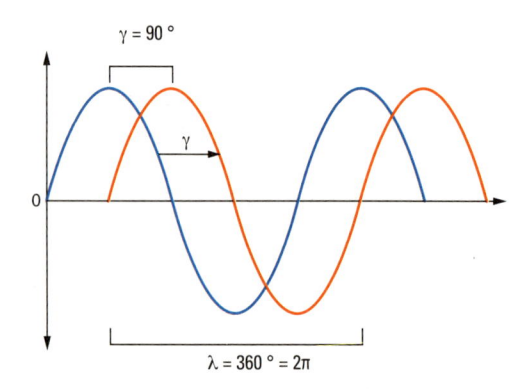

Abb. 22: Phasenverschiebung um den Winkel φ (hier: $\varphi = 90°$) *medi-learn.de/6-phy-22*

Die Phasenverschiebung wird mit einem **Winkel** angegeben. Eine **ganze Periode** entspricht 360°, bzw. $2 \cdot \pi$. Den **räumlichen Abstand** zwischen gleichen Phasenpunkten der beiden Wellen erhältst du als Bruchteil der Wellenlänge, die **zeitliche Verschiebung** als Bruchteil der Periodendauer.

> **Beispiel**
> Phasenverschiebung von 90°, Wellenlänge $\lambda = 400$ nm, Frequenz 10 Hz
> Bruchteil einer Periode = 90°/360° = ¼ ,
> Periodendauer = 1 ÷ 10 Hz = 0,1 s,
> räumliche Verschiebung = ¼ · 400 nm = 100 nm,
> zeitliche Verschiebung = ¼ · 0,1 s = 0,025 s

7.3 Elektromagnetische Wellen

Elektromagnetische Wellen sind Wellen aus gekoppelten **elektrischen** und **magnetischen Feldern**. Sie gehören zu den Transversalwellen (Querwellen), d. h. die Schwingungsebene der Felder ist senkrecht zur Ausbreitungsrichtung. Elektromagnetische Wellen können sich in Materie oder im Vakuum ausbreiten.

7.3.1 Lichtgeschwindigkeit

Die **Ausbreitungsgeschwindigkeit** elektromagnetischer Wellen hängt vom **Medium** ab. Je dichter ein Medium, desto langsamer ist die Welle. Im Vakuum breiten sich elektromagnetische Wellen mit **Höchstgeschwindigkeit**, der Lichtgeschwindigkeit, aus: $c = 3 \cdot 10^8$ m/s
In Luft breiten sich elektromagnetische Wellen nur wenig langsamer aus. Im Physikum darfst du deshalb immer mit Lichtgeschwindigkeit rechnen.

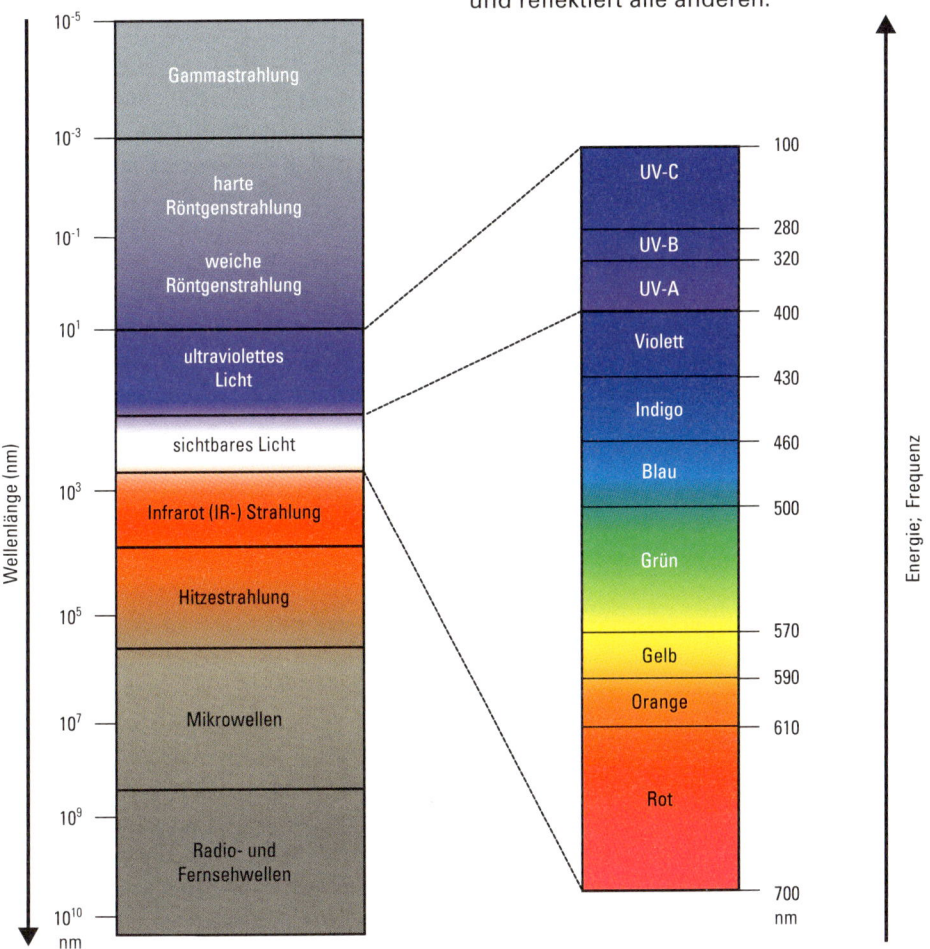

7.3.2 Elektromagnetisches Spektrum

Das elektromagnetische Spektrum reicht von langwelligen Mikrowellen bis zur hochfrequenten Gammastrahlung. Je höher die **Frequenz**, bzw. je kleiner die **Wellenlänge** einer elektromagnetischen Welle ist, desto größer ist ihr **Energiegehalt**.

7.3.3 Polarisation

Elektromagnetische Strahlung ist in der Regel eine Überlagerung vieler Einzelwellen mit unterschiedlicher **Lage der Schwingungsebene**. Ein **Polarisationsfilter** lässt Wellen mit einer bestimmten Schwingungsebene passieren und reflektiert alle anderen.

Abb. 23: Elektromagnetisches Spektrum   *medi-learn.de/6-phy-23*

7 Schwingungen und Wellen

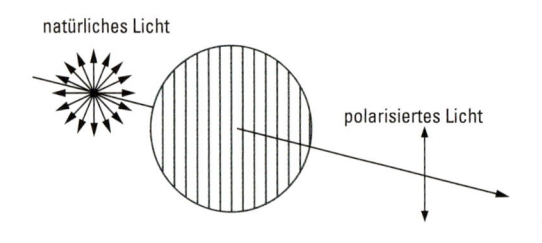

Abb. 24: Polarisation einer Transversalwelle

medi-learn.de/6-phy-24

> **Übrigens ...**
> Optisch aktive Substanzen, z. B. linksdrehende Milchsäure, drehen die Schwingungsebene des polarisierten Lichts um einen charakteristischen Winkel.

7.4 Schallwellen

Schallwellen können sich nur in **Materie** ausbreiten. Die Materieteilchen schwingen in der Ausbreitungsrichtung der Welle, sodass **Verdichtungen** und **Verdünnungen** entstehen. Schallwellen sind also **Longitudinalwellen** (Längswellen).

> **Übrigens ...**
> Longitudinalwellen, also auch Schallwellen, können nicht polarisiert werden.

7.4.1 Schallgeschwindigkeit

Die Ausbreitungsgeschwindigkeit v des Schalls ist das Produkt der Wellenlänge λ und der Frequenz f: $v = \lambda \cdot f$
Die Schallgeschwindigkeit hängt vom Medium ab. Je dichter das Medium ist, desto schneller ist der Schall. In Wasser beträgt sie z. B. v = 1480 m/s, in Luft v = 330 m/s.

Geht der Schall von einem Medium zum anderen über, ändert sich die Wellenlänge λ so, dass die neue Schallgeschwindigkeit v erreicht wird und die Frequenz f konstant bleibt.

7.4.2 Ultraschall

Ultraschall unterscheidet sich von hörbarem Schall nur durch seine **höhere Frequenz**. Hörbarer Schall hat (für junge Erwachsene) Frequenzen zwischen 15 Hz und 20 kHz. Die Frequenzen von diagnostisch bzw. therapeutisch eingesetztem Ultraschall liegen im **Megahertzbereich**.

7.4.3 Doppler-Effekt

Bewegen sich Schallquelle und Zuhörer aufeinander zu, so erhöht sich die vom **Zuhörer wahrgenommene Schallfrequenz**. Entfernen sie sich voneinander, verringert sich die Frequenz. Du kennst diesen Doppler-Effekt von vorbeirasenden Rettungswagen: Nähert er sich, hört sich das Martinshorn höher an als im Stand, fährt er von dir weg, klingt es tiefer. Der Doppler-Effekt wird z. B. bei der dopplersonographischen Bestimmung von Blutströmungsgeschwindigkeiten genutzt. Die gemessene Ultraschallfrequenz ist davon abhängig, ob das Blut auf den Ultraschallkopf zu oder von ihm weg fließt.

7.4.4 Schallpegelmaß

Das Schallpegelmaß L vergleicht zwei **Schallintensitäten I** (nachher) und I_0 (vorher). L ist eine logarithmische Größe (Zehnerlogarithmus) und wird in der Einheit Dezibel (abgekürzt dB) angegeben:

$$L = 10 \cdot \lg\left(\frac{I}{I_0}\right)$$

Verdoppelst du die Schallintensität, erhöht sich das Schallpegelmaß um 3 dB, verzehnfachst du die Schallintensität, erhöht sich das Schallpegelmaß um 10 dB und bei hundertfacher Schallintensität erhöht sich das Schallpegelmaß um 20 dB.

> **Übrigens ...**
> Die Schallintensität I ist definiert als Leistung pro Fläche und ist proportional zum Quadrat des Schalldrucks.

8 Ionisierende Strahlung

Fragen in den letzten 10 Examen: 20

Ionisierende Strahlung ist so **energiereich**, dass sie aus Atomen oder Molekülen **Elektronen** entfernen kann. Dabei entstehen positiv geladene **Ionen**, die häufig instabil sind, in Fragmente zerfallen und ihre biologische Wirkung verlieren.
Ionisierende Strahlung kann **Teilchenstrahlung** oder **Photonenstrahlung** sein.

8.1 Teilchenstrahlung

Teilchen, die von einer Strahlungsquelle ausgestrahlt werden, können umso mehr Schaden anrichten, je höher ihre **kinetische Energie** ist. Die kinetische Energie hängt von der **Masse** der Teilchen und von ihrer **Geschwindigkeit** ab.

8.1.1 Radioaktiver Zerfall

Wie du aus Kapitel 5 bereits weißt, sind nicht alle Atomkerne stabil. Instabile Atomkerne (**Radionuklide**) senden **radioaktive Strahlung** in Form von Teilchen und/oder elektromagnetischen Wellen aus, sodass – manchmal erst nach mehreren Schritten – **stabile Tochterkerne** entstehen.

8.1.2 Aktivität

Die Aktivität A(t) eines radioaktiven Präparats ist die **Anzahl der Zerfälle pro Sekunde**. Die Aktivität ist **proportional** zu der Anzahl der **momentan** vorhandenen Atome N(t):

$A(t) = \lambda \cdot N(t)$

$[A] = \dfrac{1}{s} = Bq$ (Becquerel)

Die Proportionalitätskonstante λ heißt **Zerfallskonstante**.

8.1.3 Zerfallsgesetz

Die Anzahl der radioaktiven Atome nimmt mit der Zeit t **exponentiell** ab. Wenn zu Beginn des Zerfalls N(0) Atome vorhanden waren, sind es zu einem Zeitpunkt t nur noch N(t):

$N(t) = N(0) \cdot e^{-\lambda \cdot t}$

8.1.4 Halbwertszeit

Bei jedem exponentiellen Abfall gibt es eine **Halbwertszeit T_H**. Nach dieser Zeit ist von einer beliebigen Anzahl radioaktiver Kerne nur noch die Hälfte übrig. Die Halbwertszeit hängt mit der Zerfallskonstante λ zusammen:

$T_H = \dfrac{\ln 2}{\lambda}$

Kennst du die Halbwertszeit, kannst du ausrechnen, zu welchem Zeitpunkt t nur noch ein vorgegebener Bruchteil der radioaktiven Kerne übrig ist:

$t = \ln\left(\dfrac{N(0)}{N(t)}\right) \cdot \dfrac{T_H}{\ln 2}$

Weil du diese Formel ohne Taschenrechner nicht anwenden kannst, wird im Physikum häufig statt T_H die Zerfallskonstante λ angegeben und der Zeitpunkt gesucht, bei dem das Verhältnis von N(t) zu N(0) auf $1/e^n$ gefallen ist. Solche Aufgaben löst du am besten mit dem Zerfallsgesetz.

Beispiel
Nach welcher Zeit t ist die Aktiviät einer Probe mit $\lambda = 0{,}004\ s^{-1}$ auf $1/e^2$ gefallen?

8 Ionisierende Strahlung

$N(t) = N(0) \cdot e^{-\lambda \cdot t}$
$1/e^2 = 1 \cdot e^{-\lambda \cdot t}$
$e^{-2} = e^{-\lambda \cdot t}$
$-2 = -\lambda \cdot t$
$-2 = -0{,}004 \text{ s}^{-1} \cdot t$
$t = (2 \div 0{,}004) \text{ s} = 500 \text{ s}$

> **Übrigens ...**
> Diesen Rechenweg kannst du immer anwenden, wenn eine Größe exponentiell abfällt, z. B. bei exponentieller Schwächung von Photonenstrahlung durch Materie oder bei der Entladung eines Kondensators.

Bei manchen Physikumsaufgaben reicht es, wenn du abschätzt, **wie viele Halbwertszeiten** du warten musst, bis die Anzahl der radioaktiven Kerne, bzw. die Aktivität der Probe auf einen bestimmten Prozentsatz gefallen ist. Wie das geht, kannst du in Kapitel 6 des Mathe-Skripts nachlesen.

8.1.5 Alpha-Zerfall

Das Nuklid ^{56}Fe ist der stabilste Atomkern, den es gibt. Schwerere Atomkerne werden stabiler, wenn sie Masse verlieren. Deshalb neigen Radionuklide mit **hoher Massenzahl** zum Alpha-Zerfall (α-Zerfall), denn dabei sendet der zerfallende Kern ein **α-Teilchen** (siehe Kapitel 5) mit der Massenzahl 4 aus. Der **Tochterkern** ist also **deutlich leichter**:

α-Zerfall	Tochterkern
Ordnungszahl (Protonenzahl)	um 2 kleiner
Neutronenzahl	um 2 kleiner
Massenzahl	um 4 kleiner

8.1.6 Beta-Zerfall

Für die Stabilität eines Atomkerns ist ein ausgewogenes Protonen-Neutronen-Verhältnis wichtig. Radionuklide, bei denen die **Neutronenzahl** zu groß oder zu klein ist, neigen zum Beta-Zerfall (**β-Zerfall**). Den Beta-Zerfall gibt es in zwei Varianten:

Beim **β⁻-Zerfall** wird ein **Elektron** aus dem Atomkern abgestrahlt. Da es im Atomkern eigentlich gar keine Elektronen gibt, muss erst einmal eins hergestellt werden:
Neutron → Proton + Elektron
Der **Tochterkern** hat ein Neutron weniger, dafür aber ein Proton mehr. An der **Massenzahl** ändert sich nichts:

β⁻-Zerfall	Tochterkern
Ordnungszahl (Protonenzahl)	um 1 größer
Neutronenzahl	um 1 kleiner
Massenzahl	gleich

> **Merke!**
>
> Die **Gesamtladung** bei Kernzerfallsreaktionen **bleibt erhalten**. Ein Neutron ist neutral, ein Proton und ein Elektron zusammen auch.

Beim **β⁺-Zerfall** wird ein **Positron** (siehe Kapitel 5) aus dem Atomkern abgestrahlt. Auch das Positron muss erst hergestellt werden:
Proton → Positron + Neutron
Der **Tochterkern** hat ein Neutron mehr und ein Proton weniger. Auch bei dieser Variante des Beta-Zerfalls bleibt die **Massenzahl gleich**:

β⁺-Zerfall	Tochterkern
Ordnungszahl (Protonenzahl)	um 1 kleiner
Neutronenzahl	um 1 größer
Massenzahl	gleich

Auch hier bleibt die Gesamtladung erhalten: ein Proton ist einfach positiv geladen, ein Neutron und ein Positron zusammen auch.

8.2 Photonenstrahlung

Photonenstrahlung ist ein anderer Begriff für **elektromagnetische Strahlung**. Der **Welle-Teilchen-Dualismus** besagt, dass Wellen auch Teilchencharakter besitzen. Die „elektromagnetischen Teilchen" heißen **Photonen**.

Die **Energie** einer elektromagnetischen Welle ist abhängig von ihrer **Wellenlänge** bzw. **Frequenz** (siehe Kapitel 7). Aus dem elektromagnetischen Spektrum haben nur **Gamma-, Röntgen-** und kurzwellige **UV-Strahlen** genügend Energie, um **ionisierend** zu wirken.

8.2.1 Gammastrahlung

Gammastrahlung ist radioaktive Strahlung, die von energetisch **angeregten Atomkernen** ausgesendet wird. Häufig sind diese Atomkerne beim Alpha- oder Beta-Zerfall entstanden. Durch das Aussenden von **elektromagnetischer Strahlung** gehen die Atomkerne in einen **energieärmeren Zustand** über. **Die Anzahl der Nukleonen bleibt dabei unverändert.**

8.2.2 Röntgenstrahlung

Röntgenstrahlen sind elektromagnetische Wellen mit einer Energie von 100 eV –250 keV. Mit Röntgenstrahlung kann der menschliche Körper durchleuchtet werden, wobei vor allem Knochen sichtbar werden. Dabei wird die Tatsache ausgenutzt, dass das in den Knochen vorkommende Element Calcium eine deutlich höhere Ordnungszahl hat als die Elemente, aus denen die weichen Gewebe hauptsächlich bestehen, und deshalb die Röntgenstrahlung stärker schwächt (siehe unten).

8.2.3 Röntgenröhre

Eine Röntgenröhre besteht aus einer **Glühkathode** und einer **Anode** in einer **Vakuumröhre**:

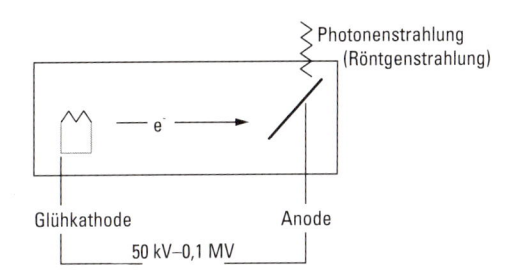

Abb. 25: Aufbau einer Röntgenröhre

medi-learn.de/6-phy-25

Die Glühkathode wird **erhitzt**, sodass ein Teil der Elektronen genug Energie besitzt, um ins Vakuum **auszutreten**. Die **Hochspannung** sorgt dafür, dass die Elektronen in Richtung der Anode **beschleunigt** werden, mit ihr zusammenstoßen und in das Anodenmaterial eindringen. Dabei werden zum einen die Elektronen abgebremst und abgelenkt (**Bremsstrahlung**); zum anderen werden aus den Atomen der Anode kernnahe Elektronen herausgeschlagen (**charakteristische Röntgenstrahlung**):

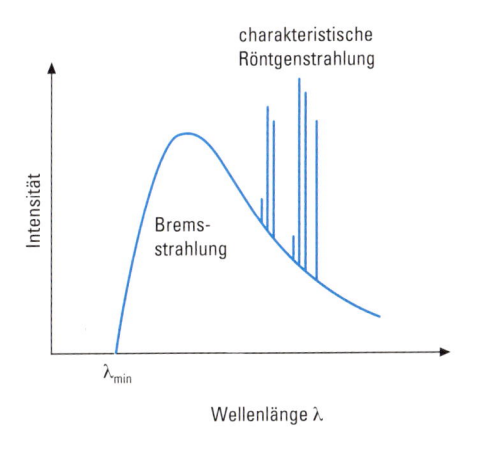

Abb. 26: Röntgenstrahlung

medi-learn.de/6-phy-26

Die **Grenzwellenlänge** λ_{min} tritt auf, wenn ein Elektron seine gesamte kinetische Energie in einem Stoß abgibt. λ_{min} hängt von der **Beschleunigungsspannung** U ab:

$$\lambda_{min} \sim \frac{1}{U}$$

8 Ionisierende Strahlung

Das Wellenlängenspektrum der **Bremsstrahlung** ist **kontinuierlich**. Es fällt nach dem Maximum **exponentiell** ab.

Das Wellenlängenspektrum der **charakteristischen Röntgenstrahlung** besteht aus **diskreten Linien** und hängt nur vom Material der Anode ab.

8.3 Positronen-Emissions-Tomographie

Die Positronen-Emissions-Tomographie (PET) ist ein Schnittbildverfahren, bei dem **β⁺-Strahler** als Markierungssubstanzen eingesetzt werden. Diese werden z. B. in Tumorzellen angereichert und zerfallen dort unter Aussendung von **Positronen**. Da es in allen Körperzellen eine riesige Anzahl von Elektronen gibt, trifft das Positron praktisch sofort auf ein Elektron. Die beiden Teilchen vernichten sich gegenseitig (siehe Kapitel 5) und es entstehen **zwei Photonen** mit hoher kinetischer Energie (Gammaquanten), die in **entgegengesetzte** Richtungen davonfliegen:
Elektron + Positron → Photon + Photon

Das PET-Gerät hat viele, **ringförmig angeordnete Detektoren**. Aus der Zuordnung der beiden Photonen zu demselben Zerfall kann zurückgerechnet werden, an welchem Ort der Zerfall stattgefunden hat:

Detektorring des PET

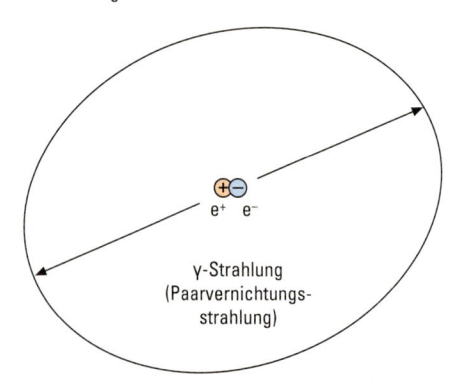

e^+ e^-

γ-Strahlung
(Paarvernichtungsstrahlung)

Abb. 27: Schematischer Aufbau eines PET-Geräts
medi-learn.de/6-phy-27

Übrigens ...
Ein einziges Photon mit hoher Geschwindigkeit würde die **Impulserhaltung** verletzen, denn der Impuls von Elektron und Positron zusammen war fast null. Zwei gleich schnelle Photonen mit fast entgegengesetzter Bewegungsrichtung haben aber einen verschwindend kleinen Gesamtimpuls.

8.4 Strahlenschutz

Der Mensch kann ionisierende Strahlung nicht direkt wahrnehmen. Daher ist beim Umgang mit potenziell schädigender Strahlung besondere Vorsicht geboten.

8.4.1 Energiedosis, Äquivalentdosis

Die Energiedosis D ist die **Energie E**, die **Materie** der Masse m (z. B. menschliches Gewebe) während einer **Bestrahlung** aufnimmt.

$$D = \frac{E}{m}$$

$$[D] = \frac{J}{kg} = Gy \text{ (Gray)}$$

Die Energiedosis hängt von der **Art** der Strahlung, der Bestrahlungs**dauer** und der chemischen **Zusammensetzung** der Materie ab.
Die Äquivalentdosis H berücksichtigt außerdem die unterschiedliche **biologische Wirksamkeit** verschiedener Strahlungsarten durch einen **Strahlengewichtsfaktor**. Er liegt zwischen 1 (Photonenstrahlung, z. B. Gammastrahlung) und 20 (Alpha-Strahlung).
Damit die Äquivalentdosis nicht mit der Energiedosis verwechselt wird, hat die Äquivalentdosis eine eigene Einheit:

$$[H] = \frac{J}{kg} = Sv \text{ (Sievert)}$$

Die Energie- bzw. Äquivalentdosis**leistung** ist die pro Zeiteinheit aufgenommene Energie- bzw. Äquivalentdosis:

Energiedosisleistung $= \dfrac{D}{\Delta t}$

Äquivalentdosisleistung $= \dfrac{H}{\Delta t}$

8.4.2 Abstandsgesetz

Die wichtigste **Schutzmaßnahme** vor ionisierender Strahlung ist: **Abstand halten**! Die Energiedosisleistung fällt nämlich **quadratisch** mit dem Abstand r:

$$D \sim \dfrac{1}{r^2}$$

Verdoppelst du den Abstand zu einer punktförmigen Strahlungsquelle, „bekommst" du nur noch ein Viertel der Strahlung „ab".

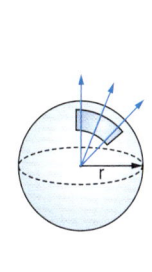

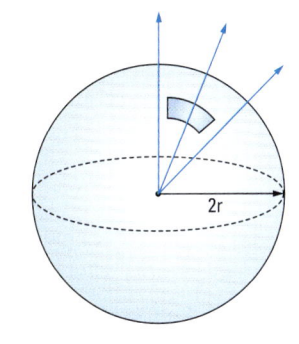

Abb. 28: Abstandsabhängigkeit der Strahlungsintensität bei einer punktförmigen Strahlungsquelle

medi-learn.de/6-phy-28

8.4.3 Absorption durch Materie

Materie kann den Körper vor ionisierender Strahlung **abschirmen**. Alpha-Strahlung wird bereits durch ein Blatt Papier oder die äußere Hautschicht, Beta-Strahlung durch ein dünnes Aluminiumblech vollständig absorbiert.

Die Energiedosis von **elektromagnetischer Strahlung** nimmt **exponentiell** mit der **Eindringtiefe** s in Materie ab:

$D(s) = D(0) \cdot e^{-\mu \cdot s}$

Der Absorptionskoeffizient µ eines Materials ist umso größer, je dichter das Material und je größer die Ordnungszahl der Atomkerne im Material ist. Blei ist als Material für Abschirmungen besonders geeignet. Seine Halbwertsdicke für Röntgenstrahlung beträgt etwa 5 mm, d. h. eine 5 mm dicke Bleischicht reduziert die Energiedosis um die Hälfte.

> **Merke!**
>
> Du kannst die Halbwertsdicke mathematisch genauso behandeln wie die Halbwertszeit.

9 Optik

Fragen in den letzten 10 Examen: 8

Das Auge, unser wichtigstes Sinnesorgan, ist ein ausgefeiltes optisches Instrument, hat aber auch seine Grenzen. Seit der Erfindung optischer Geräte wie z. B. des Mikroskops ist es möglich, mehr zu sehen, als mit bloßem Auge erkennbar ist.

9.1 Licht

Aus Kapitel 7 weißt du, dass sichtbares Licht **elektromagnetische Strahlung** mit Wellenlängen zwischen 400 und 750 nm ist. Licht hat aber auch Eigenschaften, die nur erklärt werden können, wenn Licht aus Teilchen, den **Photonen**, besteht. Um das Verhalten des Lichts vollständig beschreiben zu können, werden beide Modelle gleichzeitig verwendet: Licht unterliegt dem **Welle-Teilchen-Dualismus**: Wellen haben auch Teilchencharakter und Teilchen haben auch Wellencharakter.

9.1.1 Wellenoptik

Der Wellencharakter des Lichts zeigt sich, wenn die Objekte, mit denen es wechselwirkt, etwa so groß sind wie die Wellenlänge des Lichts (400 und 750 nm). An einem Spalt in dieser Größenordnung z. B. wird Licht gebeugt. Andere wellentypische Eigenschaften sind **Interferenz** oder **Polarisation** (siehe Kapitel 7).

9.1.2 Strahlenoptik

Sind die Objekte, mit denen das Licht wechselwirkt, viel größer als die Wellenlänge des Lichts, reicht die geometrische Optik völlig aus, um das Verhalten des Lichts zu beschreiben. Nach der geometrischen Optik breitet sich das Licht, solange es sich in einem homogenen Medium bewegt, geradlinig aus (Lichtstrahlen).

9.1.3 Lichtbrechung

Trifft ein Lichtstrahl von einem dünneren Medium (z. B. Luft) auf ein dichteres Medium (z. B. Wasser), bekommt er an der Grenzfläche einen „Knick":

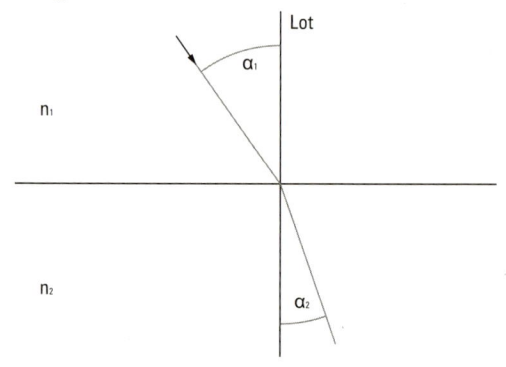

Abb. 29: Lichtbrechung   *medi-learn.de/6-phy-29*

Der Brechungsindex n (Brechzahl) ist ein Maß für die Dichte des Mediums. Es gilt:
$\sin \alpha_1 \cdot n_1 = \sin \alpha_2 \cdot n_2$

> **Übrigens ...**
> Der Brechungsindex ist umgekehrt proportional zur Wellenlänge des Lichts (Lichtfarbe). Deshalb kann ein Prisma weißes Licht in die Spektralfarben zerlegen.

9.2 Linsen und optische Geräte

Linsen sind durchsichtige Körper mit zwei **lichtbrechenden Flächen**, von denen mindestens eine **gewölbt** ist.

9.2.1 Sammellinse

Sammellinsen sind **Konvexlinsen**, d. h. sie sind (meistens an zwei Seiten) nach außen gewölbt. Parallel auf Sammellinsen einfallende Lichtstrahlen treffen sich im **Brennpunkt F**, das Licht wird also gesammelt:

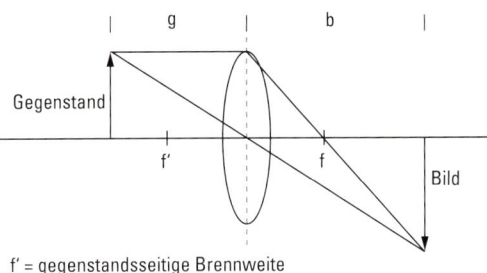

Abb. 30: Strahlengang bei einer Sammellinse
g = Gegenstandsweite, b = Bildweite
medi-learn.de/6-phy-30

Der Abstand von der Mitte der Linse zum Brennpunkt heißt **Brennweite f** und ist charakteristisch für die **Brechkraft** der Linse:

Brechkraft $= \frac{1}{f}$

[Brechkraft] = dpt (Dioptrien)
Das Bild einer Sammellinse ist in der Regel:
– umgekehrt
– seitenverkehrt
– verkleinert
– reell (Bild und Gegenstand sind auf entgegengesetzten Seiten der Linse).

9.2.2 Zerstreuungslinse

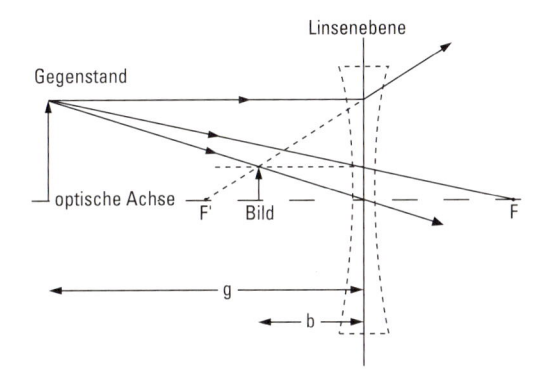

Abb. 31: Strahlengang bei einer Zerstreuungslinse
g = Gegenstandsweite, b = Bildweite
medi-learn.de/6-phy-31

9.2.2 Zerstreuungslinse

Zerstreuungslinsen sind **Konkavlinsen**, d. h. mindestens eine Fläche ist nach innen gewölbt. Sie haben eine **negative Brennweite** und sie zerstreuen das Licht.
Das Bild einer Zerstreuungslinse ist in der Regel:
– aufrecht
– seitengleich
– verkleinert
– virtuell (auf derselben Seite der Linse wie der Gegenstand).

9.2.3 Systeme dünner Linsen

Die **Brechkräfte** zweier direkt hintereinander stehender dünner Linsen **addieren** sich. Im Physikum darfst du für Linsensysteme diese Näherung immer anwenden.

Beispiel
Wie groß ist die Gesamtbrennweite, wenn du eine Sammellinse mit der Brennweite 10 cm und eine Zerstreuungslinse mit der Brechkraft –5 dpt direkt hintereinanderstellst?
Brennweite 0,1 m = Brechkraft 10 dpt,
Gesamtbrechkraft 10 dpt – 5 dpt = 5 dpt,
Gesamtbrennweite = (1 ÷ 5) m = 0,2 m = 20 cm

9.2.4 Lupe

Eine Sammellinse wirkt als Lupe, wenn du sie so nah an den Gegenstand heranführst, dass die Gegenstandsweite **kürzer** ist als die Brennweite der Linse. In diesem Fall erzeugt die Sammellinse ein virtuelles, aufrechtes, seitengleiches und vergrößertes Bild. Die **Vergrößerung** einer Lupe hängt von ihrer Brennweite f ab:

$V = \frac{s_0}{f}$

s_0 ist die deutliche Sehweite (25 cm bei normalsichtigen Probanden).

9.2.5 Lichtmikroskop

Ein Lichtmikroskop besteht aus zwei Linsen bzw. Linsensystemen: Das **Objektiv** über dem

Objektträger erzeugt ein reelles, umgekehrtes **Zwischenbild**. Dieses Zwischenbild betrachtest du durch das **Okular**, das wie eine **Lupe** wirkt und ein virtuelles, stark **vergrößertes** Bild erzeugt (s. Abb. 32).

Der **Vergrößerungsmaßstab** eines Mikroskops ist das Produkt der **Objektivvergrößerung** V_{Ob} und der **Okularvergrößerung** V_{Ok}:

$$V = V_{ob} \cdot V_{ok} = \frac{\Delta}{f_{ob}} \cdot \frac{s_0}{f_{ok}}$$

Die Vergrößerung des Okulars kennst du schon von der Lupe. Die Objektivvergrößerung hängt von der Brennweite f_{Ob} des Objektivs und der **optischen Tubuslänge** Δ (s. Abb. 32) ab.
Die Welleneigenschaften des Lichts sorgen dafür, dass sich mit einem Lichtmikroskop keine beliebig kleinen Strukturen auflösen lassen. Der **kleinste noch trennbare Punktabstand** d hängt von der **Wellenlänge** λ des Lichts, dem **Brechungsindex** n des Mediums zwischen Objekt und Objektiv und dem **Winkel** α, unter dem die Objektöffnung vom Objekt aus betrachtet wird, ab:

$$d = \frac{\lambda}{\text{numerische Apertur}} = \frac{\lambda}{n \cdot \sin\alpha}$$

Du kannst das **Auflösungsvermögen** eines Lichtmikroskop verbessern, indem du
- Licht mit einer kleineren Wellenlänge verwendest,
- den Aperturwinkel α vergrößerst,
- den Brechungsindex n erhöht (z. B. durch ein Immersionsöl).

9.3 Photometrie

Aus Kapitel 8 weißt du, dass elektromagnetische Strahlung von Materie absorbiert wird. Wird Licht durch eine Lösung gestrahlt, ist die Absorption abhängig von der Konzentration der Lösung. Dieser Effekt wird in der Photometrie zur **Konzentrationsbestimmung** von Lösungen genutzt.

9.3.1 Lambert-Beer-Gesetz

Die **Extinktion** E ist eine logarithmische Größe (Zehnerlogarithmus). Sie ist ein Maß dafür, wieviel Licht von der Probe absorbiert wird:

$$E = \lg\left(\frac{I_0}{I}\right)$$

I_0 ist die ursprüngliche **Lichtintensität**, während I die Intensität ist, die **hinter** der Probe gemessen wird.
Das Lambert-Beer-Gesetz besagt, dass die Extinktion von der **Konzentration** c der Lösung und der Schichtdicke d abhängt: $E = \varepsilon \cdot c \cdot d$
Die Proportionalitätskonstante ε ist eine **Materialeigenschaft** und heißt **spezifischer Extinktionskoeffizient**.

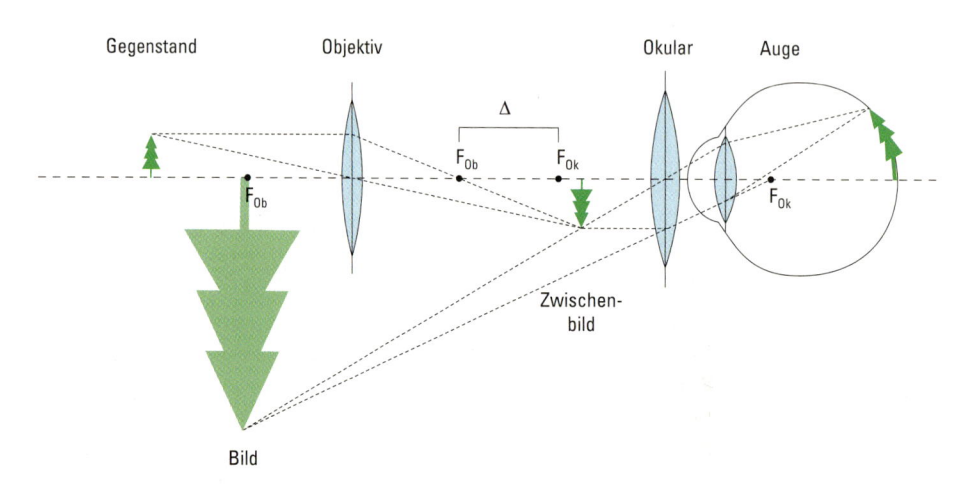

Abb. 32: Stahlengänge im Mikroskop

DAS BRINGT PUNKTE

„Schwingungen und Wellen", „Ionisierende Strahlung" und „Optik" sind Themengebiete, die es in sich haben. Um dir das Kreuzen im Physikum zu erleichtern, solltest du besonders folgendes Wissen verinnerlicht haben:

- Die Periodendauer ist der Kehrwert der Frequenz.
- $c = \lambda \cdot f$
- Wechselt der Schall in ein dichteres oder dünneres Medium, bleibt die Frequenz konstant.
- Schallpegelmaß: $L = 10 \cdot \lg\left(\frac{I}{I_0}\right)$
- Aktivität = Zahl der Zerfälle pro Sekunde
- Nach der Halbwertszeit ist die Aktivität der Probe nur noch halb so groß.
- Photonenstrahlung ist elektromagnetische Strahlung.
- Beim Alpha-Zerfall ist die Massenzahl des Tochterkerns um 4 kleiner.
- Beim β^+-Zerfall wird ein Positron abgestrahlt, der Tochterkern hat ein Proton weniger.
- Beim β^--Zerfall wird ein Elektron abgestrahlt, der Tochterkern hat ein Neutron weniger.
- Bei der PET finden β^+-Zerfälle statt. Positronen und Elektronen vernichten sich, die Paarvernichtungsstrahlung gelangt in Form von zwei Gammaquanten mit entgegengesetzter Flugrichtung auf den ringförmigen Detektor.
- Ein Röntgenröhre besteht aus einer evakuierten Glasröhre mit einer Glühkathode und einer Anode, zwischen denen Hochspannung herrscht. Diese beschleunigt aus der Kathode austretende Elektronen. Treffen die Elektronen auf die Anode, entsteht Bremsstrahlung und für die Anode charakteristische Röntgenstrahlung.
- Die Energiedosis wird mit dem Abstand von einer Strahlungsquelle quadratisch kleiner!
- Der Massenabsorptionskoeffizient ist umso größer, je größer die Ordnungszahl ist.
- Ein Mikroskop besteht aus einem Objektiv, das ein reelles Zwischenbild erzeugt und einem Okular, das ein virtuelles vergrößertes Bild erzeugt.

FÜRS MÜNDLICHE

Mit einem Blick auf die Prüfungsprotokolle bietet es sich für die behandelten Themengebiete an, sich mit diesen Fragen auf das Mündliche vorzubereiten:

1. Was ist der Unterschied zwischen Longitudinal- und Transversalwellen?

2. Welche Farbe entspricht der energiereicheren elektromagnetischen Strahlung: orange oder grün?

3. Warum kann sich Schall nicht im Vakuum ausbreiten?

4. Wie weit ist ein Gewitter entfernt, wenn zwischen Blitz und Donner neun Sekunden liegen?

5. Warum ist ein Alpha-Strahler außerhalb des Körpers relativ ungefährlich?

6. Was ist der Unterschied von β^+- und β^--Strahlung?

FÜRS MÜNDLICHE

7. Wie schützen Sie sich vor radioaktiver Strahlung?

8. Wie wird das Licht gebrochen, wenn es in ein optisch dichteres Medium eintritt?

9. Wie ist ein Mikroskop aufgebaut?

10. Warum können mit einem Lichtmikroskop nicht beliebig kleine Strukturen aufgelöst werden?

11. Warum kann ein Elektronenmikroskop kleinere Strukturen auflösen als ein Lichtmikroskop?

---

1. Was ist der Unterschied zwischen Longitudinal- und Transversalwellen?
Die Schwingungsebene ist bei Longitudinalwellen parallel, bei Transversalwellen senkrecht zur Ausbreitungsrichtung.

2. Welche Farbe entspricht der energiereicheren elektromagnetischen Strahlung: orange oder grün?
Grünes Licht hat die kürzere Wellenlänge und ist deshalb energiereicher.

3. Warum kann sich Schall nicht im Vakuum ausbreiten?
Schallwellen sind Longitudinalwellen, bei denen Verdichtungen und Verdünnungen von Materie auftreten. Ohne Materie ist das nicht möglich.

4. Wie weit ist ein Gewitter entfernt, wenn zwischen Blitz und Donner neun Sekunden liegen?
Die Lichtgeschwindigkeit ist so groß, dass man annehmen kann, das Licht sei sofort da. Die Schallgeschwindigkeit beträgt 330 m/s, braucht also 3 Sekunden für einen Kilometer. Bei 9 s Zeitunterschied ist das Gewitter etwa 3 km entfernt.

5. Warum ist ein Alpha-Strahler außerhalb des Körpers relativ ungefährlich?
Weil die Haut ausreicht, um die Alpha-Teilchen aufzuhalten.

6. Was ist der Unterschied von β^+- und β^--Strahlung?
Bei der β^+-Strahlung werden Positronen, bei der β^--Strahlung werden Elektronen frei. Die Positronen entstehen durch Umwandlung eines Protons in ein Neutron, die Elektronen durch Umwandlung eines Neutrons in ein Proton.

7. Wie schützen Sie sich vor radioaktiver Strahlung?
Durch möglichst großen Abstand, möglichst kurze Dauer der Strahlung und Abschirmung mit Materialien wie z. B. Blei.

8. Wie wird das Licht gebrochen, wenn es in ein optisch dichteres Medium eintritt?
Das Licht wird zum Lot hin gebrochen.

9. Wie ist ein Mikroskop aufgebaut?
Ein Mikroskop besteht aus einem Objektiv und einem Okular (beides Sammellinsen). Das Objektiv erzeugt ein Zwischenbild, das durch das Okular vergrößert wird.

10. Warum können mit einem Lichtmikroskop nicht beliebig kleine Strukturen aufgelöst werden?
Wenn die Strukturen kleiner sind als die Wellenlänge des Lichts, dominiert der Wellencharakter des Lichts und es gibt z. B. Beugungseffekte. Die Strukturen wären nicht mehr zu erkennen.

FÜRS MÜNDLICHE

11. Warum kann ein Elektronenmikroskop kleinere Strukturen auflösen als ein Lichtmikroskop?
Wegen des Welle-Teilchen-Dualismus haben Elektronen auch Wellencharakter. Ihre Wellenlänge ist jedoch kleiner als die des Lichts.

Mehr Cartoons unter www.medi-learn.de/cartoons

Pause

Geschafft!
Hier noch ein Cartoon als Belohnung!

Index

Symbole
1-σ-Intervall 6
2-σ-Intervall 6
α-Teilchen 38
$β^+$-Zerfall 38
$β^-$-Zerfall 38

A
abgeleitete Größen 1
abgeleiteten Einheiten 3
abschirmen 41
Abschirmungen 41
absoluter Nullpunkt 19
Absorptionskoeffizient 41
Abstandsgesetz 41
Aktivität 37
allgemeine Gaskonstante 20
Alpha-Strahlung 40
Alpha-Teilchen 23
Alpha-Zerfall 38
Ampèremeter 26
Amplitude 34
Angelpunkt 10
angeregte Atomkerne 39
Antiteilchen 23
Aperturwinkel α 44
Äquivalentdosis H 40
Äquivalentdosisleistung 41
Arbeit 2, 11
arithmetisches Mittel 5
Atemluft 21
Atome 22
Aufladen eines Kondensators 28
Auflösungsvermögen 44
Auftriebskraft 14
Auf- und Entladen 27
Ausbreitungsgeschwindigkeit 34

B
Basiseinheiten 1
Basisgrößen 1
Beschleunigung 2, 7
Beschleunigungsarbeit 12
Beschleunigungsspannung 39
Bestrahlungsdauer 40
Bewegungsenergie 12
Brechkraft 43
Brechungsindex 42, 44
Brechzahl 42
Bremsen 7
Bremsstrahlung 39
Brennpunkt F 43
Brennweite 43
Brennwert 12
– biologischer 12
– physikalischer 12

C
Celsius-Skala 19
chemisches Element 22
Coulomb-Kraft 24

D
Dämpfung 33
Deformationsarbeit 11
Dehnung 9
Dichte 2, 13
Dielektrikum 27
Dimension 3
Dioptrin 43
Doppler-Effekt 36
Dopplersonographie 36
Drehmoment 2, 10
Drei-Finger-Regel 10
Druck 2, 13
– mechanisch 14
Druckdifferenz 15
Durchmesser 14

E
effektive Kraft 12
Effektivwert 29
Einheiten 1
– historische 3
Elastizitätsmodul 8
elektrische Arbeit 25
elektrische Feldstärke 2, 24
elektrische Ladung 2
elektrische Leistung 2, 25
Elektrischer Strom 24
elektrischer Widerstand 2

Elektrisches Feld 24
elektrisches Potenzial 24
Elektroden 27
Elektromagnetisches Spektrum 35
elektromagnetische Strahlung 39
Elektron 22, 24, 38
Elektronenhülle 22
Elementarladung 22, 24
Energie 2, 11
– kinetische 12, 19
– potentielle 12
– thermische 19
Energiedosis 40
Energieerhaltung 11, 19, 33
Energiegehalt 12
Energieleistung 41
Entladen eines Kondensators 28
Entropie 19
Erdanziehungskraft 8
Ersatzwiderstand 26
Erwartungswert 6
Extinktion 44

F
Fadenpendel 33
Federkonstante 9
Federkraft 8
Fliehkraft 10
Flüssigkeiten 13
Frequenz 9, 33, 34

G
Gammastrahlung 35, 40
Gase 13
– ideale 20
Gasgemisch 20
Gauß´sche Glockenkurve 5
geometrische Optik 42
geradlinige Bewegung 7
Geschwindigkeit 7
Gewichtskraft 8
Gleichstromkreise 25
Glühkathode 39
Gravitationskonstante 8
Gray 40
Grenzwellenlänge 39
Größenordnung 3

Größensymbol 1

H
Hagen-Poiseuille-Gesetz 15
Halbwertsdicke 41
Halbwertszeit 37
harmonische Schwingung 33
Häufigkeit 5
Hebelgesetz 10
Heliumkern 23
Hertz 9
Hooke-Gesetz 8
Hubarbeit 12

I
ideales Gasgesetz 20
Impuls 2
Impulserhaltung 40
Ionisierende Strahlung 37
isobar 20
isochor 20
isotherm 20
Isotope 23

K
Kapazität 27
Kelvin-Temperaturskala 19
kinetische Energie 33
Kondensator 27
Konvexlinsen 42
Kraft 2, 8
Kräftegleichgewicht 8
Kraftvektoren 12
Kreisbewegung 9
Kubikmeter 13

L
Ladung 24
Lambert-Beer-Gesetz 44
laminar 15
Längswellen 36
Leistung 2, 11, 12
Leitfähigkeit 25
Lichtbrechung 42
Lichtgeschwindigkeit 35
Lichtmikroskop 43
Lichtstrahlen 42

Linsen 42
Linsensysteme 43
Liter 13
Longitudinalwellen 36
Lupe 43, 44

M
makroskopische Menge 13
Massenzahl 22, 38
Maßzahl 1
Messfehler 6
Messunsicherheit des Mittelwerts 6
metrisch 3
Mikrowellen 35
Mittelwert 5
molare Masse 2

N
Neutronen 22
Neutronenzahl 22
Newton 8
newton'sche Flüssigkeiten 15
Normaldruck 21
Normalverteilung 5
numerische Apertur 44

O
Objektiv 43
Ohm'sches Gesetz 26
Okular 44
optisch aktive Substanzen 36
optische Tubuslänge 44
Ordnungszahl 22
Osmose 21
osmotischer Druck 21

P
Paarvernichtungsstrahlung 23
Parallelschaltung 26, 28
Partialdruck 20
Pendel 33
Periodendauer 33
PET 40
Phase 34
Phasengeschwindigkeit 34
Phasenverschiebung 34
Photometrie 44

Photonen 39, 42
physikalische Größe 1
Plattenkondensator 28
Polarisation 35, 36
Polarisationsfilter 35
Polung 29
Positron 23, 38
Positronen-Emissions-Tomographie 40
potenzielle Energie 33
Prisma 42
Probeladung 24
Prognose 6
Proton 22, 24

Q
Querschnittsfläche 14, 15, 25
Querwellen 34

R
Radialbeschleunigung 10
Radialgeschwindigkeit 9
Radioaktiver Zerfall 37
radioaktive Strahlung 37
Radioisotope 23
Radionuklide 37
Radio- und Fernsehwellen 35
Radius 14
Reibung 15, 25, 33
Reihenschaltung 26
Richtung 1
Röntgenröhre 39
Röntgenstrahlung 35, 39
Ruhelage 33

S
Sammellinse 42, 43
Schalldruck 36
Schallgeschwindigkeit 36
Schallintensitäten I 36
Schallpegelmaß L 36
Schallwellen 36
Schaltplan 26
Scheinkraft 10
Schwerkraft 8
Schwimmen 14
Schwingungsperiode 33
semipermeable Wand 21

Serienschaltung 26, 28
sichtbares Licht 35, 42
SI-Einheiten 1
Sievert 40
Sigma-Regeln 6
Sinuskurve 29
Spannenergie 8
Spannung 9, 24
Spektralfarben 42
spezifischer Extinktionskoeffizient 44
spezifischer Widerstand 25
stabile Tochterkerne 37
Standardabweichung 5, 6
Statistik 5
Stichprobe 5
Stichprobenumfang 6
Strahlen 39
– Gamma 39
– UV 39
Strahlengewichtungsfaktor 40
Strahlenoptik 42
Strahlungsquelle 37
Stromdichte 25
Stromstärke 25
Strömungsgeschwindigkeit 14
Strömungsleitwert 15
Strömungswiderstand 15
Systeme dünner Linsen 43

T
technische Stromrichtung 26
Teilchenstrahlung 37
Temperatur 19
Temperaturdifferenzen 19
transformieren 29
Transversalwellen 34

U
Ultraschall 36
ultraviolettes Licht 35
Umlaufzeit 9
ungedämpfte Schwingung 33
Ursprungsgerade 20

V
Vergrößerung 43
Vergrößerungsmaßstab 44
Verschiebearbeit 12
Viskosität 15
Voltmeter 26
Volumen 13
Volumenstromstärke 14, 15

W
Wahrscheinlichkeit 6
Wahrscheinlichkeitsrechnung 5
Wärme 19
Wärmekapazität 2, 19
– spezifische 2, 19
Wechselstrom 29
Weg 7
Wellen 34
Wellenlänge 34
Wellenoptik 42
Welle-Teilchen-Dualismus 39, 42
Widerstand 25
Winkelgeschwindigkeit 9
Wirkungsgrad 12

Z
Zehnerpotenz 3
Zeitkonstante 27
Zentrifugalkraft 10
Zentrifuge 10
Zentripetalkraft 10
Zerfallsgesetz 37
Zerfallskonstante 37
Zerstreuungslinse 43
Zustandsgleichung 20
Zustandsgrößen 19
Zwischenbild 44

Feedback

Deine Meinung ist gefragt!

Es ist erstaunlich, was das menschliche Gehirn an Informationen erfassen kann. SIbest wnen kilene Fleher in eenim Txet entlheatn snid, so knnsat du die eigneltchie Iofnrmotian deoncnh vershteen – so wie in dsieem Text heir.

Wir heabn die Srkitpe mecrfhah sehr sogrtfältg güpreft, aber vilcheliet hat auch uesnr Girehn – so wie deenis grdaee – unbeswust Fheler übresehne. Um in der Zuuknft noch bsseer zu wrdeen, bttein wir dich dhear um deine Mtiilhfe.

Sag uns, was dir aufgefallen ist, ob wir Stolpersteine übersehen haben oder ggf. Formulierungen verbessern sollten. Darüber hinaus freuen wir uns natürlich auch über positive Rückmeldungen aus der Leserschaft.

Deine Mithilfe ist für uns sehr wertvoll und wir möchten dein Engagement belohnen: Unter allen Rückmeldungen verlosen wir einmal im Semester Fachbücher im Wert von 250 Euro. Die Gewinner werden auf der Webseite von MEDI-LEARN unter www.medi-learn.de bekannt gegeben.

Schick deine Rückmeldung einfach per E-Mail an support@medi-learn.de oder trag sie im Internet in ein spezielles Formular für Rückmeldungen ein, das du unter der folgenden Adresse findest:

www.medi-learn.de/rueckmeldungen